Eugen Drewermann
Eine Liebe stärker als der Tod

Mit lieben Wünschen

E Drewermann

topos taschenbücher, Band 1121
Eine Produktion des Matthias Grünewald Verlags

Eugen Drewermann

Eine Liebe stärker als der Tod

Meditationen zu Passion und Ostern

topos taschenbücher

Verlagsgemeinschaft topos plus
Butzon & Bercker, Kevelaer
Don Bosco, München
Echter, Würzburg
Matthias Grünewald Verlag, Ostfildern
Paulusverlag, Einsiedeln (Schweiz)
Verlag Friedrich Pustet, Regensburg
Tyrolia, Innsbruck

**Eine Initiative der
Verlagsgruppe engagement**

www.topos-taschenbuecher.de

Bibliografische Information der Deutschen Nationalbibliothek
Die Deutsche Nationalbibliothek verzeichnet diese Publikation in der
Deutschen Nationalbibliografie; detaillierte bibliografische Daten
sind im Internet über http://dnb.d-nb.de abrufbar.

ISBN 978-3-8367-1121-0

2019 Verlagsgemeinschaft topos plus, Kevelaer
Das © und die inhaltliche Verantwortung liegen beim   ˙
Matthias Grünewald Verlag, Ostfildern
Umschlagabbildung: clivewa/Shutterstock.com
Einband- und Reihengestaltung: Finken & Bumiller, Stuttgart
Herstellung: Friedrich Pustet, Regensburg
Printed in Germany

Inhalt

Vorwort 7

Von Liebe und Unsterblichkeit 11

Die Passion nach Matthäus oder: Der ewige Karfreitag 14

Vom Sieg des Lebens über den Tod 40

Die Auferweckung des Lazarus 57

Auferstehung zum Leben 80

Maria aus Magdala sieht den Herrn 92

Gibt es ein ewiges Leben oder nicht? 114

Vorwort

Nur zwei Themen sind wirklich wichtig im Leben – die Liebe und der Tod. Beide hängen zusammen: Nur wer liebt, leidet beim Sterben des Menschen, des Tiers, das ihm nahesteht; über die Trauer des Tods aber hebt einzig Liebe hinweg. Sie allein bildet den Ort, da die Erde den Himmel erahnen läßt. Sie allein trägt den Trost der Unsterblichkeit.

In dieser Welt sind wir die einzigen Lebewesen, die nicht nur, unbekannt wann, den Tod erleiden müssen, sondern die ihr Leben lang wissen, daß es sich so verhält. Stets hockt er neben uns, manchmal eine Armeslänge weit, dann wieder eine Handspanne nah, gnädig winkend mitunter wie ein Freund im Dämmerlicht einer allmählich endenden Nacht, grausam grinsend mitunter in der Gleichgültigkeit eines überlegenen Siegers, der in einem schnöden Augenblick das Kostbarste an unserer Seite hinwegreißt. Welch einen Wert hat unsere Existenz, wenn der Tod jederzeit zu zeigen vermag, wie überzählig wir sind? Wir können versuchen, die Sterblichkeit unseres Daseins als Waffe zu nutzen. Lebt nicht alles Leben vom Töten anderen Lebens? Belohnt nicht die Evolution einzig die „Fittesten" im Kampf ums Überleben?

Wir alle stehn in der Hand des Todes, wir müssen nur aufhören, uns davor zu fürchten. Dann können wir heute noch anfangen, richtig zu leben. Wir haben nichts zu verlieren: keine Rechte, keine Titel, keine Ansprüche – uns gehört nichts; aber wir können alles gewinnen: Mitleid, Milde und Menschlichkeit – wir gehören zusammen.

Dieser Wendepunkt vom Tod zum Leben beziehungsweise von Verzweiflung zu Vertrauen ist identisch mit der Entdeckung eines anderen Ausgangspunkts, ist ein Sich-Festmachen im Absoluten.

Das entscheidende Beispiel einer solchen Alternative bietet das Leben und Sterben des Jesus von Nazaret. Er „erfand" nicht den Glauben der Liebe an die Unsterblichkeit des Lebens, er wagte es einfach, ihn wahrzumachen gegen alle Widerstände.

Wenn Gott ist, so wußte er, dann will er nicht, daß Menschen verloren gehen oder einander verloren geben. Doch dann schaute er sich um, und er fand sie allesamt als Irrende und Irregeführte, als Verratene und Verlaufene, – hilflos und heimatlos wie streunende Tiere im Winter. Und er weigerte sich, sie dafür zu verurteilen; er suchte, sie zu verstehen, denn er sah: Böse macht Menschen nicht die Bosheit ihres Willens; sie alle sind Kinder Kains, der zum Mörder nur wurde in dem Gefühl, mit allem, was er tat, kein Ansehen zu finden. Das verweigerte Gute gebiert Gewalt, Verachtung Rache, Heimweh Haß. Und so trat er hinein in den Kessel des Kreislaufs von Kränkung und Krankheit, von Leid und Verlorenheit, von Ablehnung und Auflehnung: Er ließ die Grenzen nicht gelten zwischen den Guten und den Gesetzlosen; hinter dem, was Menschen tun, fragte er, warum sie es tun, und er ging ihnen nach wie der Hirte dem Schaf, das von der Herde versprengt ist. (Lk 15,1–7)

Freilich, damit rührte er an die „Ordnung" der Welt derart radikal, derart fundamental, daß man ihn des Aufruhrs für schuldig erklärte. Der Gott des Gesetzes gebot es, die Staatsräson Roms befand es für rechtens, die ewig Willigen wollten ihr Weiter-so, und die sadistisch dressierte Soldateska übte unter Befehl ihre Pflicht: Sie kreuzigten ihn.

Theologen behaupteten später, er sei „gehorsam" gestorben, zugunsten des Gerechtigkeitswillens eines Gottes, der es so gebot. Doch so war nicht der Gott, den Jesus als „Vater" uns offenbaren wollte. Mit Vorbedingungen und Opferforderungen ordnet sich nicht die Ohnmacht des menschlichen Daseins. Die eigentliche Auseinandersetzung fand statt in der Nacht von Getsemani: Alles, was wichtig ist, war schon gesagt, doch es weckte nur Widerspruch. Zweifelhaft war in diesem Augenblick Jesus nicht Gott, zum Verzweifeln ward ihm die bleierne Schwere der Menschen: Wie lange noch würde diese Blutmühle aus Angst und Aggression, aus Leid und Lüge, aus Schmerz und aus Stumpfheit sich weiterdrehen müssen? Er blieb dabei: Schlimm ist es nicht, an der Macht des Faktischen zu scheitern; schlimm ist es, diese Macht für allmächtig zu halten.

Wie ein sich erfüllendes Gebet sei das Sterben Jesu gewesen, berichten deshalb die ersten drei Evangelien; als eine Thronbesteigung, als seine „Verherrlichung" stellt es Johannes dar. Seither ist unser Leben nach wie vor noch immer ein Gang zum Grab; doch sehen läßt sich im Lichte des Sonnenaufgangs am Ostermorgen, was Leben wirklich bedeutet.

Die vorliegenden Predigten, die zum Teil vor nun schon mehr als drei Jahrzehnten in Gottesdiensten der katholischen Kirche während der Passions- und Ostertage gehalten wurden, versuchen, diesen „Übergang", der unser Menschsein ist, als eine verbindliche Entscheidungsalternative nachzugestalten. Keine der Fragen, die der Mann aus Nazaret auf Leben und Tod an uns stellt, hat an Gültigkeit oder Gewicht verloren. Im Gegenteil. Selbst aus seiner Botschaft wurden wiederum staatliche Kirchen und göttliche Kirchenstaaten errichtet, wurde die Todesstrafe legalisiert, wurden Militärpfarrer abbestellt, um Waffen zu segnen und Kriege in Gottes Namen zu führen. Und doch: wer imstande ist, an der Stätte des Tods die beiden Engel zu sehen, die Maria von Magdala zur „Umkehr" bewegten, der hat den Wahn der Welt überwunden, – der steigt buchstäblich auf zu seinem und zu unserem Vater. (Joh 20,17)

Eugen Drewermann

Von Liebe und Unsterblichkeit

Wirklich erwachsen wird ein Mensch gewiß erst, wenn er beginnt, mit dem Tod zu rechnen. Von diesem Zeitpunkt an ändert sich das Zeitgefühl. Die Begrenztheit des Daseins tritt unaufhaltsam drohend oder tröstlich in Erscheinung, und es ist die erhabenste Kunst und das sicherste Zeichen eines geglückten Lebens, das Altern anzunehmen als ein ruhiges Reifen und Hineinwachsen in Gott.

Das ganze Geheimnis des Todes aber liegt darin, daß man sich mit ihm versöhnen kann, wenn man einen anderen Menschen an seiner Seite unendlich liebgewinnt. Nur in der Liebe erschließt sich die unendliche Schönheit und die absolute Notwendigkeit der Existenz eines bestimmten Menschen; nur in der Liebe taucht man gewissermaßen an den Anfang der Schöpfung zurück und vollzieht von innen her den Entschluß Gottes nach, der von Ewigkeit her wollte, daß es diesen einen besonderen Menschen gibt. Die ewig unbeantwortbare Frage aller Metaphysik: warum ist etwas und nicht vielmehr nichts?, findet durch die Liebe ihre Beruhigung. Die Liebe weiß, daß es den anderen geben muß, macht vom Grund des Daseins her dankbar gegenüber Gott für das unermeßliche Geschenk des Lebens. In der Liebe wird der andere zu einem Fenster, das die Welt hell macht und durchsichtig auf Gott hin, und umgekehrt wird seine Zuneigung zu einem Weg und einer Brücke, die von dieser Welt hinüberreichen in die Ewigkeit.

Für den Menschheitsglauben an die Unsterblichkeit des Einzelnen gibt es keine wichtigere Stütze als das Argument der Freundschaft und der Liebe – besteht die Liebe doch in nichts anderem als darin, die ganze Welt in ein magisch-poetisches Symbol zu vergeistigen, das an jedem Ort die Nähe des anderen symbolisch bezeichnet und in einer ewig zeitlosen Gegenwart heraufbeschwört.

In der Liebe beginnen im träumenden Schein des Mondes die Sterne zu leuchten wie die Augen der Geliebten, und die Nacht dehnt sich hin wie ein Gewand; für die Augen der Liebe schimmert das Heer der Sterne am Himmel wie ein Band aus Haar und Seide. Ebenso in der hellen Welt des Tages: gurren die Tauben in der Birke am Haus nicht ganz so, als brächten sie Grüße von der Geliebten, und formt sich die Stirn jener Wolke am Himmel nicht ganz wie ein liebes Gesicht?

Wenn in der Liebe alles Gegenständliche sich wie notwendig zum Symbol verdichtet, wenn Raum und Zeit in ihr sich aufheben zu einer ständigen beseligenden Gegenwart der Geliebten – jede Zwiesprache ist nur wie das Versprechen einer unerreichbaren Erfüllung. Die Zeit bleibt stehen, während alles heranreift, rascher denn je – wie sollte es da nicht in der Liebe und kraft ihrer Beglaubigung auch im Absoluten gelten, daß Raum und Zeit insgesamt erste Träger, Erscheinungsbilder sind des Einzigartigen, Einmaligen und Kostbaren, das die Person des anderen in ihrem ganzen Sein und Werden ausmacht und umschließt? Die Liebe erkennt und erfühlt die geistige Gestalt des anderen, die nicht in Zeit und Raum, im Spiel der Zufälle begründbar und verstehbar ist.

Eben deshalb ist die Liebe durch den Tod nicht zu entmutigen. Wo die Sinne nichts anderes wahrnehmen können als das grausame Werk der Zerstörung des Schönsten, erkennen die Augen der Liebe das Hervortreten der eigentlichen, unverfälschten Gestalt, ein Hinübergehen in die Gegenwart der Ewigkeit. Ohne einen solchen Glauben an die Unsterblichkeit des Geliebten wäre die Liebe nichtig und der Tod allmächtig; aber die Verwandlung der Sinne, zu welcher die Liebe das ganze Leben erzieht, wird vom Tod eher bestätigt als widerlegt. Das Allerinnerlichste, die Sprache des Herzens, die Berührung der Seelen, ist in sich selbst Beweis, Verheißung und Erfüllung einer Seligkeit, die von Gott selber ist und nie vergeht.

Im Grunde geht es mithin um die Wiederentdeckung einer Wahrheit, die der libanesische Dichter und Philosoph Khalil Gibran mit den Worten ausgedrückt hat: „O Seele, begehrte ich nicht Unsterblichkeit, hätte ich nie das Lied erlernt, gesungen durch den Kosmos der Zeit. Ein Selbstmörder wäre ich gewesen, nichts wäre von mir geblieben als meine Asche, verborgen im Grab. O Seele, hätten mich nicht Tränen getauft und die Geister der Krankheit nicht meine Wimpern getuscht, so würde ich das Leben dunkel wie durch einen Schleier gesehen haben. O Seele, das Leben ist eine Düsternis, die endet wie im Sonnenglast des Tages. Die Sehnsucht meines Herzens sagt mir, es ist Frieden im Grab. O Seele, wenn ein Narr mir sagt, die Seele verdirbt wie der Körper und das, was stirbt, kehrt nie wieder, so sage ihm, die Blume verdorrt, doch das Samenkorn bleibt und liegt vor uns wie das Geheimnis des immerwährenden Lebens."

Die Passion nach Matthäus oder: Der ewige Karfreitag

Und als sie an eine Stätte gekommen, Golgota heißt sie, das bedeutet: Schädelstätte, gaben sie ihm zu trinken Wein mit Galle gemischt. Doch als er ihn schmeckte, wollte er ihn nicht trinken. Nachdem sie ihn aber gekreuzigt hatten, verteilten sie seine Gewänder, das Los werfend, und sie setzten sich nieder und bewachten ihn dort. Und anbrachten sie über seinem Haupt seine Schuldanklage, mit der Inschrift: Dies ist Jesus, der König der Juden. ...

Doch von der sechsten Stunde an kam eine Finsternis über die ganze Erde bis zur neunten Stunde. Um die neunte Stunde aber schrie Jesus auf mit lauter Stimme, sprechend: „Eli, Eli, lema sabachthani", das heißt: Mein Gott, mein Gott, warum hast du mich verlassen? Einige aber der dort Stehenden hörten es und sagten: Elija ruft er. Und sogleich lief einer von ihnen und nahm einen Schwamm, füllte ihn mit Essig, steckte ihn auf einen Rohrstock und wollte ihn tränken. Die übrigen aber sagten: Laß, wir wollen doch sehen, ob Elija kommt zu seiner Rettung. Jesus aber schrie abermals mit lauter Stimme und gab den Geist auf. Und da, der Vorhang des Tempels zerspliß von oben bis unten entzwei, und die Erde erbebte, und die Felsen zersplissen, und die Gräber öffneten sich, und viele Leiber der entschlafenen Heiligen wurden auferweckt. Sie kamen heraus aus den Gräbern nach seiner Auferweckung, kamen in die Heilige Stadt und erschienen vielen. Der Hundertschaftsführer aber und die mit ihm Jesus bewachten, als sie das Beben sahen und was da geschah, fürchteten sich sehr, sprechend: Wahrhaftig, Gottes Sohn war der. Mt 27,33-37; 45-54

Die Worte der Passionsgeschichte, wie sie bei Matthäus in den Kapiteln 26–28 berichtet ist, sind zugleich Anklage und Freispruch, Aufschrei und Besänftigung, Schmerzensruf und Tröstung. An keiner Stelle der Menschheitsliteratur liegen Verzweiflung und Hoffnung so dicht beieinander, nirgendwo sonst bewirkt das übergrelle Licht der Gottheit eine solche Dunkelheit des eigenen Schattens. Warum dieser furchtbare Weg der Kreuzigung zu unserer „Erlösung", den bereits die früheste Evangelientradition als Grundlage des „christlichen" Glaubens und des Hoffens zu verkündigen unternimmt?

Vor uns hoch aufgerichtet sehen wir das Bild des Gekreuzigten selber. Im Leben eines jeden von uns wird es Stunden geben, da es uns begleitet – immer dann, wenn wir selber Leiden ausgesetzt sind, deren Sinn wir kaum begreifen. An jeder Stelle solchen Leids, möchte das Bild des Kreuzes sagen, ist auch Gott gegenwärtig; selbst in den Stunden der Verlorenheit begleitet uns sein Beistand. Da soll nicht länger mehr der Schmerz ein endgültiges Einspruchsrecht behalten gegen die Hoffnung, da soll nicht mehr der Klageruf des Leids einen unwiderlegbaren Einwand bilden gegen die Zuversicht. Das ist der positive, tröstende Inhalt des Kreuzessymbols. Und doch sträubt sich alles in uns gegen die Bereitschaft, Gott und den Schmerz so eng zusammenzurücken.

Rein historisch ist das Kreuz das schimpflichste und schlimmste Marterinstrument, das von Menschen je ersonnen wurde, eine qualvolle Folter im Verlauf von Stunden, eine Exekutionspraxis, einen Menschen nicht nur zu töten, sondern ihn nackt und wehrlos, verspottet und blutüberströmt als abschreckendes Exempel und als Demonstration der grenzenlosen Macht der Sieger vor den Augen der sadistisch gaffenden Menge vorzuführen. Wenn irgend jemand in unseren Tagen eines solchen Schauspiels Zeuge sein müßte, würde er da nicht laut aufschreien, mit einer solchen Exekution Schluß zu machen, sie nicht durchzuführen, gleichgültig, wie man sie mit noch so feierlichen Begriffen, Erklärungen und Gesetzen zu begründen suchte? Was sich am Karfreitag begibt, ist schlechterdings unmenschlich; es darf nicht gerechtfertigt werden, jetzt nicht und nie mehr. Es darf sich nie mehr wiederholen! Das ist die erste Botschaft dieses Tages, nicht aber die Theologenauskunft, es sei da ein Gott, der es so gewollt habe. Ein Gott, der diese Scheußlichkeit bejaht, statt zu verhindern, wie wäre der von einem rechten Teufel noch zu unterscheiden?

Dennoch gibt es etwas in den Texten vom Karfreitag, das sich nicht überhören läßt und das mit Gott zu tun haben will. Dieses merkwürdige, rätselhafte Etwas liegt in der Person Jesu selber. Er hat sich diesem Leid nicht „gefügt", es kam nicht über ihn wie eine schmerzhafte Krankheit, die seinen Körper hinaufgezogen wäre bis zur Verheerung und Zerstörung seiner Seele; vielmehr verhielt es sich so: Er selber hatte einen Entschluß gefaßt, so wie die Hohenpriester daraufhin ihren Entschluß faßten. Es ist Jesus selber, der nach der Darstellung des Matthäus seine Jünger nur noch an das zu erinnern braucht, was er ihnen dreimal schon gesagt hat. Sehenden Auges also, hellsichtig in jedem Detail, geht Jesus hinein in sein Passah, bei dem er selber das „Opfer" sein wird, das Gott sich ersieht, wie am Berge Moriah in der Geschichte von Abraham und Isaak. Jesus weiß, was auf ihn zukommt, und, weiß Gott, er hat nie gewollt, daß es so komme; aber es gibt offenbar keine Möglichkeit, es zu vermeiden. Das ist das Rätsel dieser ganzen Erzählung, es zu verstehen der Sinn jeder Auslegung dieser Geschichte.

Wer die Darstellung des Matthäusevangeliums vom Leiden und Sterben Jesu aufmerksam liest, begreift, daß es gilt, mit dem inneren Auge zu sehen: Hier stirbt nicht ein zum Tode verurteilter Delinquent nach Maßgabe des Gesetzes, hier erfüllt sich vielmehr älteste Weissagung der Propheten, indem der Messias aus Israel in den Tod geht. Zug um Zug weist Matthäus selber auf die entsprechenden Zitate aus der „Tröstung Israels" hin; aber schon in seiner Vorlage, im Markusevangelium, ist eine solche theologische Deutung in Anspielung auf bestimmte Parallelen der Schrift aufgeführt worden. Daß z. B. der „Verräter" mit Jesus gemeinsam die Hand in die Schüssel taucht und den Herrn ausliefert um den Preis von dreißig Silberlingen geht zurück auf Sacharja Kapitel 11.

Warum mußte der Messias sterben? Warum, tiefer gefragt, ist dies denn die Erfahrung so vieler Propheten in Israel: Wer immer sich einläßt auf die größten Träume und Visionen der Seele, wer immer wahrhaft vertraut auf den Gott, der den Menschen vermeintlich trägt und umfängt, gerade der gerät offenbar unvermeidlich in den größten Widerspruch zu den Leuten seiner Zeit? Woher diese zerreißende Kluft zwischen Gott und Mensch, und wie ist sie zu überwinden?

Wohl: über der ganzen Passionsgeschichte steht die Behauptung, alles, was sich hier vollziehe, ergebe sich aus einem tiefen Gehorsam gegenüber dem Willen Gottes. Die ganze Fülle der Psalmenzitate und Prophetenstellen wird ja nur aufgewandt, um die äußere Geschichte bis in die Einzelheiten hinein als Erfüllungsgeschichte uralter Weissagungen erscheinen zu lassen; nichts ist da dem Zufall überlassen; jedes

Detail scheint sich gerade so vollziehen zu müssen, und gewiß: um so mehr ruht über allem scheinbar die Macht Gottes selbst. Wir aber verstehen nach wie vor nicht, warum. Im Gegenteil. Das Rätsel wird immer größer.

Es gibt ein Schema in Israel, um das Gemeinte mindestens in ein Bild zu übersetzen – das ist das jüdische Passah. Jesus feiert dieses Mahl schon als ein Ausgegrenzter, nicht länger mehr in der Gemeinschaft mit dem jüdischen Tempel; er handelt als Privatperson unter seinen bereits ausgestoßenen Anhängern. Das heißt: wenn jemals Jesus historisch noch ein letztes Mal mit seinen Jüngern das Mahl seiner Väter, das Passah, gefeiert hat, dann in völliger Freiheit, indem er sich das Recht nahm, die religiösen Riten seines Volkes unabhängig von der priesterlichen Bevormundung selber zu pflegen und sie so zu gestalten, wie es jeweils stimmt. So etwas aber geschieht in der ganzen Art, wie da der Tod Jesu vorbereitet wird und zu einem Element erneuerten Lebens sich gestaltet: Aus dem Brot, das Jesus den Jüngern reicht, aus dem Wein, den er ihnen schenkt, wird eine Sinngestalt, woraus wir Menschen wirklich leben.

Noch bevor Jesus den Gang in sein Leiden antritt, soll es in dem Bild des „Abendmahls" zur Erfahrung der Jünger werden: Wenn irgend etwas auf dieser Erde sich wirklich zu leben lohnt, weil es in seiner ganzen Art das Leben selber ist, dann ist es die Person und die Botschaft des Jesus von Nazaret. Man kann sie nicht äußerlich verstehen, man muß sie in sich aufnehmen, wie wenn man etwas kaut, das man assimiliert, bis man es buchstäblich als etwas Eigenes in sich trägt. Man muß es in sich aufnehmen, wie man Wein trinkt – bis zum Rauschhaften, bis daß es das gesamte geistige Zentrum: das Fühlen, die Vorstellung, das Denken besetzt hält. Es gilt mit der Person Jesu zu verschmelzen, um zu erfahren, was es heißt, wirklich ein Mensch zu sein. Die Hohenpriester mögen auch ihn ermorden, doch gerade dann um so mehr gilt es zu begreifen, daß da ein Leben ist, das man nicht töten kann. Gerade die Henker werden offenbaren müssen, wie ohnmächtig sie sind. Sie mögen den Tod verwalten, das Leben wird ihnen niemals gehören. Sie können die Menschen aus Angst in Ketten legen; auf die Freiheit besitzen sie keinerlei Zugriff. Ein jedes Wort aus dem Munde Jesu wird größer sein als all ihre Lügen, und jeder Hauch seiner Güte, die die Ohren der Taubstummen öffnete, jede Berührung seiner Hände, die die Blinden sehen und die Lahmen gehen ließ, ist nur wie der Anfang eines kommenden Reiches, in dem wir alle als freie, gesunde und glückliche Menschen gemeinsam sind.

Freilich, eine Verzichtserklärung liegt über dem Passahmahl, das Jesus mit seinen Jüngern feiert, ein Hinweis auf das, wofür es steht: Kommen wird das Reich, in dem Jesus in Ewigkeit einlöst und erfüllt, was in der Gemeinschaft des Abendmahlssaales als bildhafte Wirklichkeit sich gestaltet, doch das Mahl selber ist nicht länger mehr die Erfüllung, nur noch ein Vermächtnis, ein Programm, ein Abschied und ein Auftrag, geprägt von dem Schmerz der Trennung und dem Versprechen eines Wiedersehens auf ewig.

Noch einmal erhebt sich da die Frage: Warum ist das so? Warum „will" Gott, daß unsere „Erlösung" so und nicht anders sich vollziehe – um den Preis von so viel Leid und so viel Schmerz? Die Darstellung der Evangelisten ist bereits im frühesten Stadium ihrer Überlieferung eine Legende, deren Sinn wir zumindest im Kontrast jetzt begreifen: Wenn du die Kraft verstehen willst, aus der heraus all dies sich begibt, erklärt sie, dann darfst du Jesus nicht sterben sehen unter der Peitsche der Soldaten und den Nägeln der Henker, dann mußt du von innen her jede Stelle dieser Geschichte mitlesen als ein sich selbst gestaltendes Gebet. Nur in dem Vertrauen, von Gott her ins Leben zu treten, wurde es Jesus möglich, das Leid der Menschen in dieser Form als Herausforderung und Widerspruch zu tragen und durchzuarbeiten.

Das ist sozusagen der Rahmen aller Deutungen, die Markus und Matthäus uns anbieten. Sie laufen zusammen in der erschütternden Szene des Ringens Jesu in der Nacht von Getsemani (Mt 26,36–46):

Darauf kommt Jesus mit ihnen in ein Landgut, Getsemani hieß es; da sagt er den Jüngern: Setzt euch hier, während ich dorthin gehe und bete. Doch mitnahm er Petrus und die zwei Söhne des Zebedäus, und er fing an, traurig zu werden und zu erbeben. Da sagt er ihnen: Voll Trauer ist meine Seele – bis zum Tode; bleibt hier und wacht mit mir. Und als er ein wenig weitergegangen, fiel er auf sein Angesicht, betete und sagte: Mein Vater, wenn es möglich ist, soll vorübergehen an mir dieser Kelch. Doch nicht wie ich will, sondern du! Da kommt er zu den Jüngern und findet sie schlafend und sagt dem Petrus: So wart ihr nicht stark genug, eine Stunde zu wachen mit mir? Wacht und betet, damit ihr nicht in Versuchung kommt. Der Geist zwar ist willig, das Fleisch aber schwach. Abermals, zum zweitenmal, betete er, sprechend: Mein Vater, wenn es nicht möglich ist, daß dies vorübergeht, ohne daß ich es trinke, so geschehe dein Wille. Und er kam abermals und fand sie schlafend, denn ihre Augen waren schwer geworden. Da ließ er sie, ging abermals fort und betete zum drittenmal, dasselbe

Wort abermals sprechend. Darauf kommt er zu den Jüngern und sagt ihnen: Ihr schlaft weiter und ruht euch aus? Da, genaht hat sich die Stunde, da der Menschensohn ausgeliefert wird in Sünderhände. Steht auf, gehen wir! Da: genaht hat sich, der mich ausliefert.

Die Stelle zeichnet die Person Jesu in einem Punkte offenbar auch in historischem Sinne durchaus richtig: daß die Bindung an Gott Jesus ein Vertrauen und eine Stärke ermöglichte, die ihn bis zum Ende aushalten ließ. „Beten" – das hieß für ihn nicht, alle möglichen Bitten und Klagen zum Himmel zu werfen, sondern sich festzumachen in dem, was als Wahrheit vor Augen steht. – So muß Jesus entsprechend dem Bild von den Stunden in Getsemani immer wieder, und jetzt endgültig, geprüft haben, ob das denn stimmt, was er unter so viel Widerstand und Widerspruch in die Welt zu tragen suchte. Was denn hat er gewollt, das ihn jetzt förmlich zwingt, bis zum bitteren Ende auszuhalten? Es hätte für ihn gewiß ein Leichtes sein können, sich abzusetzen und zu fliehen, dorthin, wo so viele Könige aus Israel in den Stunden der Not bereits vor ihm Zuflucht gesucht haben: in die judäische Wüste. Man sagt theologisch, daß Jesus geblieben sei im „Gehorsam" zu Gott, aber man darf das nicht beziehen auf diese eine Stunde hier, sondern auf alles, was Jesus tat und sagte. Was denn „wollte" „Gott" in seinen Augen?

All die Szenen seines öffentlichen Wirkens, all die Stunden seiner Einsamkeit müssen noch einmal vor seinem Auge vorübergezogen sein, um befragt zu werden auf ihren Wert, auf ihren Bestand hin. War es denn falsch zu denken, Gott könne den Menschen unmittelbar nahe sein, wenn man aus ihren Herzen nur die Angst hinwegnehme, die von den Gottesverwaltern und Gottesverhinderern auf den Kathedern und Kanzeln ausgehe? Es sei möglich, die Augen von Blinden zu öffnen und sie dem Licht und der Sonne zurückzugeben? Es sei möglich, die geschundene Haut von Menschen, die an Aussatz litten, so zärtlich zu streicheln, daß sie rein würde und schön unter den Augen sogar der Priester im Tempel, auf daß sich das Getto des Ekels und Abscheus öffnete zu einer neuen Form der Gemeinsamkeit und der Zugehörigkeit? Es sei möglich, die menschliche Not als den Inhalt jeder Gottessatzung zu begreifen, so sehr, daß kein Gesetz mehr dagegen aufkäme, einem Menschen zu helfen? Dort, wo die menschliche Not sich darbiete, dort sei das Heiligtum Gottes? So einfach wäre alles!, risse man nur die Sperrwände nieder, die künstlich zwischen den Menschen, zwischen den Religionen und zwischen den Nationen errichtet werden! Da wäre ein Gott, der uns alle umgreift und niemanden ausschließt! Und die Menschen würden sich aufrichten in ihrer Geducktheit und Verhocktheit vor Angst. Sie würden ihre Größe begreifen!

All diese Wunder gelebter Menschlichkeit waren wirklich geschehen. Es war nicht möglich, von Gott inniger, warmherziger, vertrauensvoller, gütiger und überzeugender zu sprechen, als es in den knapp zwei Jahren des öffentlichen Lebens Jesu geschehen ist. Es war vor allem nicht möglich, ehrlicher und wahrhaftiger all diese Worte selber zu leben, bis dahin, daß sie die Menschen in wunderbarer Weise erreichten und verwandelten: – sie fanden ihr eigenes Ich wieder, sie gewannen den Mut zu sich selber zurück, sie lernten den Glauben auch an ihr eigenes Leben – die „Dämonie" der Fremdbestimmung hatte ein Ende. Dann aber muß man mit ansehen, wie der gesamte Kreis derer, die offiziell die institutionalisierte und etablierte Religion verwalten: wie die Hohenpriester, die Schriftgelehrten, die Ältesten, die „Pharisäer" nichts anderes zu tun haben, als jedes gerade Wort so zu verbiegen, daß es zur Lüge entartet: Wenn schon Wunder gewirkt wurden, dann gewiß nicht im Namen Gottes, dann, so muß es der Menge beigebracht werden, im Namen des Satans, des Obersten der Teufel, des Baal-Zebul – der, natürlich, steckt hinter dem allen, hinter dieser schwarzen Magie, hinter dieser geheimnisvollen Verführung, diesem Aufruhr gegen Gott, gegen den Tempel, gegen die Ordnungsmächte: gegen Thron und Altar! Die Sache hat politische Dimensionen, das ist das Entscheidende! Es muß Ruhe eintreten! Das will man. Die Menschen müssen wieder zusammengedrückt werden, daß sie in Reihe und Glied aufmarschieren, formbar, formierbar, in formulierbarem Glauben! Schluß also mit all der Entgrenzung, der Auflösung, der Hinwegräumung der notwendigen Schranken! Nur eine definierbare Religion ist eine wahre Religion! Wie denn sonst auch ließen sich Trug und Wahrheit voneinander unterscheiden, wie Recht und Falsch noch zur Wahl vorlegen? Alles wäre eins in dem Mischmasch dieser gefühligen Barmherzigkeit. Kein gerades Wort mehr bliebe bestehen, hätte dieser Anarchist aus Nazaret recht!

Es muß Jesus wirklich am Ölberg noch einmal für sich selber bewahrheiten, was er eben beim Mahl mit seinen Jüngern getan hat. Nach kirchlich-dogmatischer Vorstellung hat Jesus hier im Rahmen einer jüdischen Passahfeier wenige Stunden vor seinem Tode noch ein neues „Sakrament" eingesetzt, und zwar so rein und so göttlich, daß es gilt, vorweg noch den „Verräter" abzusondern aus dem Kreis der Zwölf, weil nur die Würdigen Zugang haben dürfen zum Allerheiligsten (Mt 26,21–25). In Wahrheit aber ist gerade das, was Jesus eben getan hat, der eigentliche Grund seines Sterbens, und die Frage ist, ob er es wirklich bis zum Letzten auch so meint. Wenn Jesus „Mahl" hielt, dann nach allem, was wir von ihm wissen, gerade nicht in einem Gremium besonders Auserwählter, sondern ganz im Gegenteil in einer demonstrativen Provokation, indem er die Ärmsten der Armen einlud an einen Tisch, Leute, vor denen man glaubte nur ausspucken zu können: Huren, Zöllner, Sünder – all das Gesocks, das Pack, das Geschmeiß, die Gosse –, Menschen, zerbrochene, gefallene, verelendete, gebeugte Menschen, die Gott wirklich brauchten! Hinter allem stand die zentrale Überzeugung Jesu: wird nicht den Menschen vergeben von Grund auf, so haben sie nicht die Kraft, noch einmal von vorn zu beginnen; eben deswegen hat er gerade die Menschen am Rand in die Mitte gerufen. Das war die Art seiner Mahlgemeinschaft. Was da als vermeintliche „Wandlungsworte" gesagt wurde, war doch das ganze Leben Jesu: Immer wieder gab er sich ganz, mit Haut und Haaren, mit Leib und Seele, in die Hände der Menschen, ungeschützt, offen, vertrauensvoll, heilend; nicht ein neues Ritual, eine neue Lebensform wurde „eingesetzt".

Aber jetzt! Wieviel Vertrauen verdienen schon Menschen? Was wird aus dem Anliegen, aus der Botschaft Jesu, wenn sie so bald schon von den Mächtigen in den Staub getreten wird? – Auch das erscheint in gewissem Sinne als unglaublich, aber so war offenbar dieser sonderbare Mensch aus Nazaret: Er hat nicht eine Zeile seiner Botschaft aufgeschrieben! Alles, was er sagte, sollte nur leben im Herzen derer, die ihn hörten, nur dort! Wenn es je weitergehen würde, dann einzig in der Art, wie die Menschen es verstünden. Wirklich: in ihren Händen liegt das ganze Schicksal dessen, was Jesus in die Welt gebracht hat. Aber so ist es bis zum letzten Augenblick: die Leute, die ihm zuhören, schlafen, wenn es darauf ankommt, mißverstehen, wo man standhalten müßte, ergreifen die Flucht, statt geradezustehen. Das offenbar ist die wirkliche Herausforderung von Getsemani: Nicht, daß der Himmel Jesus verläßt, ist das Problem, aber die Menschen alle! Die Kluft in dieser Stunde zwischen Jesus und den Jüngern ist unendlich viel größer als zwischen ihm und seinem Vater! Darin liegt die ganze Erschütterung. Wenn man es selbst jetzt noch nicht begreift, wenn man es immer noch nicht begriffen haben darf, wann denn dann! Was wird dann noch alles nötig sein, um den Menschen die Augen zu öffnen? Muß wirklich all das sich immer weiter so drehen – diese schier endlose Blutmühle der Angst und der Grausamkeit?

Die Verhaftung Jesu wirft die Frage auf: Greift man zum Schwert, um jemanden herauszupauken und damit das Kostbarste zu retten, was es für einen Christen gibt: den Christus selber, den Messias, den Sohn Gottes, selbst wenn man dabei Gewalt gegen Gewalt, Krieg gegen Krieg, Brutalität gegen Brutalität setzen muß, oder macht man damit endgültig Schluß und steckt das Schwert in die Scheide? „Wer zum Schwert greift, wird umkommen durch das Schwert", sagt Jesus, ein entscheidendes neues Wort, das Matthäus bewußt pointiert. Es ist, daß bis in den Tod hinein Jesus wahrmacht, was er in der Bergpredigt sagte: Widerlegt die Gewalt nicht mit neuer Gewalt, reagiert nicht auf das Böse; überwindet es durch die Gewaltfreiheit des Guten. (Mt 5,39) Ein ungeheurer Satz!

Konkret: In der Stunde des Karfreitags gilt es, keiner Menschengruppe mehr zu gedenken als all der Opfer der Gewalt, am meisten aber derer, die zu Opfern wurden, weil sie konsequent die Gewaltfreiheit Jesu leben wollten. Da gibt es eine ungenannte Zahl von Märtyrern, deren die Kirche nie gedenkt, zum Beispiel all die Zeugen Jehovas in den Konzentrationslagern der Nazis: Sie hatten keine andere „Schuld" auf sich geladen, als daß sie diese Bibelstelle hier beim Wort nahmen: Stecke das Schwert in die Scheide. Es hieß für sie: Verweigere den Waffendienst, und leiste keinen Eid als Soldat. Sie glaubten das wörtlich, und sie taten das wörtlich. Das war der Grund, sie tausendfach zu töten. – Gedenken muß man auch all derer, die sich im 20. Jahrhundert in dem verzweifelten Gemetzel von Verdun oder Stalingrad geweigert haben, wie befohlen, die letzte Patrone zu verschießen, ehe sie selbst erschossen wurden. Sie lehnten ganz einfach den unmenschlichen Zynismus des „du oder ich" wie aus Instinkt ab. – In Deutschland feiern wir an jedem 15. November das Gedächtnis der Kriegsopfer, aber immer noch mit dem Beigeschmack des Vaterländischen, des Heroischen – warum nicht einfach des Menschlichen? Es muß doch viele Soldaten gegeben haben, die man zur Front trieb und die sich trotzdem weigerten zu kämpfen!

Doch gedenken auch muß man all derer, die wie einer der Zwölf hier mit den Mitteln der Gewalt glaubten, gegen die Gewalt aufstehen zu müssen, und dabei umkamen. Hunderttausende von Männern gab es, die noch im Jahre 1944, als das Desaster offenkundig war, sich womöglich freiwillig zum Volkssturm meldeten oder sogar als Kriegsverletzte noch einmal an die Front gingen, einfach um im Osten den Millionen von Menschen auf den Flüchtlingstrecks zu helfen; sie wollten nicht töten, sie wollten nur dabeisein, wo gelitten wird; sie wollten nicht zum Karabiner greifen, sie wollten nur Hand anlegen, um das Schlimmste zu verhindern ...

Und plötzlich in all diesen Widersprüchen stehen wir mitten in Getsemani. Es ist ersichtlich immer wieder dieselbe Geschichte. Sie überrollt uns, oder sie erhebt uns, je nachdem, was wir tun. Nie gibt es da eine endgültige Antwort; sie entscheidet sich immer in uns und zwischen uns. Nur – wann wirklich wird man Jesus verstehen? Es ist ein falsches Prinzip, meint er, irgend etwas mit dem Schwert retten zu wollen. Nicht einmal die Engel im Himmel könnten das, dürften das! Es gibt weder eine magische noch eine militärische Durchsetzung dessen, was richtig ist. Doch wann, wenn nicht jetzt, wird man das begreifen?

Soviel ist klar: Wenn man es nicht begreift, auch jetzt nicht begreift, wird es so weitergehen: Ein Krieg wird schlimmer sein als der andere. Man wird am Ende die Drohung mit dem Untergang der gesamten Menschheit für richtig, für verantwortlich, für absolut nötig halten, um irgendeine Idee zu „retten". Aber man bleibt kein Mensch mehr, wenn man das Überleben bindet an die Kunst zu morden, und man führt die Menschlichkeit in die Geschichte nicht ein, indem man immer wieder das Töten trainiert und perfektioniert. Irgendwann muß Schluß damit sein. Begreift man, was auf dem Spiel steht in Getsemani?

Die Jünger, spätestens jetzt, merken, was Jesus will, aber sie alle nehmen Reißaus; das Verhängnis nimmt seinen Lauf, insbesondere durch Judas, in dem viele einen enttäuschten Widerstandskämpfer sehen möchten. Tatsächlich wird er geschildert als ein geldgieriger Verräter, aber das war er nicht.

Das Problem, das Judas verkörpert, bezieht sich auf alle Grundentscheidungen unseres Lebens: Wie oft sind wir überfordert, wenn es darum geht, zwischen Wahrheit und Ordnung, zwischen Recht und Gesetz wählen zu müssen!

Aber wie eine Synthese finden zwischen der etablierten Religion und der Wahrheit, die man im Sinne Jesu leben müßte? Überall begegnen wir Judas; denn überall treffen wir Menschen, die mitmachen und weitermachen möchten, wo sie sich entscheiden müßten!

In der Kathedrale von Vézelay gibt es zwei Kapitelle; auf dem einen sieht man das übliche Bild des Judas: einen habgierigen, den Geldsack umklammernden Dieb mit weit geöffnetem Mund; das andere aber zeigt Judas, wie er liegt auf dem Rücken Jesu, die Augen geschlossen, wie friedlich schlafend, ein Geretteter. Auch das womöglich ist „Getsemani": daß Jesus steht zu den Leuten, die in ihrer Gebrochenheit leiden an dem, was er in die Welt gebracht hat, und die allen Trost weiter brauchen werden, schon weil sie sich selber kaum kennen.

Vor allem womöglich gilt das für den Ersten unter den Zwölfen, für Petrus. Er verkörpert tatsächlich die Moralauffassung der Kirche: Aufsteht er und weiß: ein Mensch ist Herr seiner Entschlüsse! Was in den nächsten Stunden passieren wird, liegt in seiner Hand! Was wäre man auch für ein Mann, wenn man sich nicht einmal mit aller Kraft für jemanden einsetzen könnte, wenn das eigene Wort nicht einmal wirkliche Geltung haben würde! Schwächlinge mögen die anderen sein; ein gerader Charakter, eine starke Persönlichkeit aber, die wird wissen, was zu tun ist!

Gerade so kennen wir das bei uns. Natürlich würden wir in der Stunde, als es darauf ankam, gelobt haben, die Wahrheit zu verteidigen, natürlich wären wir stark und tapfer gewesen. Jeder von uns sieht sich gern in diesem Bilde. In den Tagen des „Dritten Reichs" – ohne Zweifel, wir wären im Widerstand gewesen! In den Tagen der DDR – ohne Zweifel, wir wären subversiv aktiv gewesen. Wir, ganz bestimmt, hätten der Diktatur getrotzt und der Inhumanität in jeder Weise die Stirn geboten.

Aber hätten wir das wirklich? – Am Ende ist der Petrus der großen Worte jemand, der vor einer Frau, die ihn anzeigt, zurückweicht und immer mehr an Standpunkt verliert, bis daß es ihn zum Hofe hinausdrängt und seine eigene Sprache ihn denunziert: – ein Galiläer auch er! Da wird er verfluchen, was er eben noch liebte, und abschwören dem, dem er zuschwor vor Stunden noch. So grauenhaft mächtig kann die nackte Angst über einen entschlossen sich gebenden Menschen hereinbrechen! Wie kann sie uns verheeren, daß wir in allem am Ende das Gegenteil tun! Genau dieser Petrus, dessen Leben so eindeutig zu sein scheint, der immer genau weiß, was richtig ist und was falsch ist, der noch später gegen Paulus das Gesetz verteidigen wird gegen die Gnade, erlebt hier selber die Unfreiheit des freien Willens im Ghetto der Angst.

Selbst der Treueschwur des Petrus erscheint wie das Verhalten eines kleinen Jungen, der laut pfeift, wenn er in den dunklen Keller geht, und man spürt deutlich, daß all die Redensarten von Entschlossenheit und Freiheit nichts weiter sind als Abwehr von Angst, die um so größer ist, je großartiger da geredet wird. Ein Mensch kann nur „gut" sein, wenn beide Seiten: sein Bewußtsein und sein Schatten, sein scheinbarer Mut und seine Angst zusammenkommen. Auch hier stoßen wir auf das Problem einer unmöglich scheinenden Synthese –, unmöglich, solange es nicht erlaubt ist, seiner Schwäche geständig zu sein. Gerade das aber wollte Jesus, daß Menschen sagen könnten, wieviel Angst sie spüren! Doch für den so „stark" sich gebenden Petrus kommt all das zu spät. Was ihm bleibt, sind nur noch die Tränen der Reue im Hahnenschrei eines zwielichtigen Dämmermorgens ...

Die zentrale Gestalt der Passionsgeschichte ist der Hohepriester. Der Vorwurf des Hohenpriesters kulminiert in der Frage: „Bist du der Sohn Gottes, bist du der Messias?" Die Frage ist historisch mehr als sonderbar. Nirgendwo in den ersten drei Evangelien gibt es Texte, die bezeugen könnten, daß es eine Selbstbezeichnung Jesu gewesen wäre, der Sohn Gottes zu sein.

Es gibt eine Stelle in der Bergpredigt, an der Jesus selbst einmal erklärt, wie er den Titel „Sohn Gottes" versteht. „Selig", sagt er dort, „sind diejenigen, die anderen Heil bringen, die ‚Frieden' stiften; sie heißen ‚Söhne Gottes'." Ein solcher Mensch, ohne Zweifel, war Jesus wirklich. Er tat alles dafür, daß der Mensch neben ihm, daß der am meisten Leidende über seinen Schmerz hinaus wieder zusammenwachsen und über alle Zerrissenheit hinweg sich selber wiederfinden konnte. Seine Worte wirkten auf die Menschen, die ihm zuhörten, besänftigend, beruhigend, heilend und lindernd, und immer senkte sich in seinen Reden etwas wie vom Himmel auf die Erde hernieder. Die Menschen begannen an sich selber zu glauben, indem sie ihn derart von Gott sprechen hörten, daß bis in die Zustände ihrer Nerven, ihrer Glieder, ihrer Muskelfasern hinein die Spannkraft eines neuen Vertrauens sich fügte. So war er wirklich der „Sohn Gottes", der Heilende, der Heilbringende.

Was kann man tun, wenn man im Grunde genau weiß, daß ein bestimmter Mensch völlig unschuldig ist, man findet ihn aber aus Gründen des Machterhalts gemeingefährlich? Dann muß man das „Bauernopfer" bringen, um größeren Schaden zu verhüten – jeder gute Schachspieler weiß das. Und was wäre Machterhalt anderes als ein gutes Schachspiel? Napoleon soll einmal gesagt haben, schlimmer als ein Verbrechen sei in der Politik eine Dummheit – sie richte weit mehr Schaden an. Der Hohepriester hat eine bestimmte Art von Verantwortung; also ist er verpflichtet, lieber klug und intelligent, fuchsschlau und gerissen zu sein als auf borniere Weise ehrlich und naiv. Selbst ein kleines Verbrechen ist immer noch verantwortlicher, also auch religiös und moralisch besser als eine verhängnisvolle Gutmütigkeit und Schwäche. Wer immer Jesus von Nazaret wirklich ist – schon weil es Leute gibt, die ihn für den „Messias" halten, ist er gefährlich, mag er auch von sich selber sprechen, was er will. Schon indem er Verdacht macht, durch ihn zöge etwas Neues, Messianisches herauf, eine großartige Zeit bräche durch ihn an, ist er fehl am Platze. Die Römer dulden nicht, daß irgendwelche Beunruhigung ins Land zieht; und weil Kajaphas als Hoherpriester achtzehn Jahre lang an der Vermittlungsstelle zwischen Tempel und römischer Verwaltung steht, weil er das Unglaubliche wahrmacht, zwischen Orthodoxie und Heidentum Brücke um Brücke zu schlagen, darf man ihm glauben, daß er aus Verantwortung handelt, wenn er Jesus beseitigt. Ein Messias hat nicht zu kommen, nicht jetzt; wann immer er kommen mag, jetzt ist er unpassend! Das sagt die politische Logik, und die Religion muß eben warten, bis die Vernunft den Korridor öffnet, da Gott wieder wirken kann. Das jedenfalls ist nicht heute, um Gottes willen nicht heute!

Man muß glauben, daß Kajaphas am Abend des Karfreitags befriedigt nach Hause ging; über der heiligen Stadt kreisten für diesmal nicht die Geier, das heißt konkret: die römischen Legionsadler. Man hat an diesem Tage wieder neu Frieden geschlossen zwischen der Synagoge und dem Cäsar, man hat einen „König" oder „Gottes-Sohn", oder was an Tollheit die Menschen auch glauben, noch rechtzeitig liquidiert. Friede also der heiligen Stadt! Frieden über Jerusalem! Noch sind die Menschen gerettet! Ja! Ja! Es ist besser, wenn einer stirbt, als das Volk! (Joh 18,14)

Das alles, ein zweites Mal, wird sich Zug um Zug wiederholen, diesmal nicht im Namen der himmlischen, sondern der irdischen Macht. Das Verhör vor Kajaphas ist ja nur das Vorbild des Prozesses vor dem römischen Landpfleger Pilatus, beides verhält sich zueinander wie die linke und die rechte Hand. Thron und Altar, Kirche und Staat arbeiten da immer wieder zusammen, und herausgefordert ist in Jesus neben der religiösen natürlich auch die staatliche Ordnung; auch ihr Vorwurf, ihre Testfrage wird lauten: „Bist du der König?" Doch kein Gedanke ist da mehr an das Königtum Gottes, das Jesus verkündete; es geht hier ganz einfach um die unversöhnbare Alternative, ob man die Macht der Cäsaren selber für göttlich hält oder ob man immer noch glaubt an die göttliche Freiheit des Menschen. Wirklich gilt es da in noch tieferem Sinn eine Wahl zu treffen zwischen der irdischen Gewalt, wie sie sich begründet durch Raub und Mord, oder der Botschaft von dem Reich Gottes. Keinesfalls nur in taktischem

Kalkül, wie es der Legende nach von den Hohenpriestern Pilatus angeboten wird, sind der Prokurator und der Revolutionär Verbündete, sondern in einem wesentlichen Punkte sind sie geradewegs identisch: sie glauben beide an die (vor allem militärische) Gewalt. Und gerade darin sind sie ebenso erschreckend archaisch wie bestürzend „modern".

Schauen wir uns um, woran wir heute wirklich glauben, so halten wir immer noch für „groß" diejenigen, in deren Waffenarsenalen die schlimmsten Tötungskapazitäten lagern; all diese Träger der politischen Macht erscheinen bis heute als Mischfiguren aus Barabbas und Pilatus, aus Brutalität und Zögerlichkeit, und zwischen ihnen, immer wieder, wird geopfert werden die Gestalt des wahren „Königs" aus Israel.

„Bist du der König der Juden?" Man kann auf die Pilatus-Frage im Sinne Jesu nur antworten: „Nein! Niemals habe ich Macht gewollt, niemals habe ich über Menschen herrschen wollen, nie habe ich in das Leben anderer hineinregieren wollen; aber aufrichten wollte ich das Zerbrochene, aufhelfen dem Erniedrigten, Würde schenken dem Geschändeten. Und dies, daß Menschen begreifen würden, wieviel an Schönheit und Größe in ihnen liegt, das war und ist mein ganzes ‚Königtum'." Wie unendlich weit ist dieses „Königtum" Jesu entfernt von all dem, was wir sonst in der Geschichte als „königlich" bewundern und verehren, und wie energisch gilt es hier zu wählen!

Es gibt, Gott sei Dank, unter dem Kreuz den römischen Hauptmann, der den Wendepunkt der gesamten Betrachtungsweise markiert. In *J. S. Bachs Matthäuspassion* ist es wie ein dünner Spinnwebenfaden, der sich aufwirft von der Erde bis in den Himmel, wenn der Hauptmann sagt: „Dies ist (ein)

Sohn Gottes". Da muß man sehen, wie in der Stunde, da Jesus stirbt, die Sonne sich verfinstert und die Erde bebt. Die symbolische Wahrheit dieser Szene ist unübersehbar: Wenn es möglich wäre, Jesus zu beseitigen, indem man heilige Texte im Munde führt – „verflucht ist, was am Holze hängt!" (Dtn 21) – und hat lauter Paragraphen einer heiligen Tradition auf seiner Seite, nur damit am Ende die Macht wieder ihre Ruhe behält, dann wirklich behielte der Tod selber das letzte Wort über das Leben, und alles wäre buchstäblich aussichtslos, haltlos und grundlos. Die ganz normale Brutalität, die Jesus mit seinem Leben widerlegen wollte, kehrte dann zurück und stünde fester da als vorher.

Gewiß, das Bild von der Sonnenfinsternis ist wiederum ein legendäres Erfüllungszitat aus dem 8. Kapitel des Propheten Amos, eine Chiffre des endgültig letzten Tages der Menschheit. Doch dieser Tag ist im Tode Jesu bereits angebrochen für alle, die glauben. Was sich hier zeigt, ist überdeutlich: Die Leute, die da höhnen und lästern und nichts weiter zu tun wissen, als mit Gott und den Menschen ihr Spiel zu treiben, immer wähnend, Gott schützen zu müssen gegen die Menschen und die Menschen wiederum vor sich selber, diese Leute können nur töten, weil sie selber nichts anderes sind als der Tod. Aber innerlich sieht man, auf wessen Seite Gott wirklich steht und durch wen er redet. Alles ist in diesem Moment auf Leben und Tod endgültig klar, so sehr, daß Matthäus jetzt schon „die Gräber sich öffnen" und „viele Leiber der entschlafenen Heiligen auferweckt" sieht. Der Vorhang des Tempels zerreißt; die Trennwände zwischen Gott und Mensch sind endgültig beseitigt, und es hat jetzt schon ein Leben begonnen, das nicht mehr totzumachen ist und das alle diejenigen in sich aufnimmt, die auch früher schon so gelebt haben, wie es der Art Jesu entspricht.

Und jetzt: mitten in all dem findet sich eine Gruppe, die, bei Matthäus mehr noch als bei Markus, in drei Szenen einen tröstlichen Widerspruch zu der Todespraxis der Passionsgeschichte bildet – das sind die Frauen. Der Kontrast dieser kleinen Schar zu dem Tun der Männer beginnt gleich am Anfang der Leidensgeschichte in dem Bild der namenlosen Frau, die in Bethanien zu Jesus kommt, um ihn für sein Begräbnis zu salben (Mt 26,6–13); die Jünger rümpfen über diese Verschwendung die Nase – so viel Geld gibt man vernünftigerweise für Salböl nicht aus! Und doch, meint Jesus, wird man ihrer Tat und Person gedenken bis zum Ende der Welt, so wichtig ist sie. Zwar: Diese Frau wird von all dem, was sich im folgenden ereignet, nichts verhindern können, und doch umhüllt sie es mit ihrer Sanftmut, indem sie sich zu dem Todgeweihten bekennt. Es gibt eine Art zu Menschen zu stehen, die nichts weiter ist als eine Liebe ohne Hoffnung und wie ein Trost am Rande der Verzweiflung.

Wir sind vielleicht allzusehr gewöhnt, Liebe und Hoffnung als Einheit zu sehen: Wer an Gott glaubt, versichert man uns, der weiß, daß alles nur gut ausgehen kann, und entsprechend leiten wir daraus allerlei Zuversicht für unser Leben ab, und so fühlen wir uns ständig verantwortlich, zumindest das Schlimmste abzuwenden. Wieviel aber wäre gewonnen, wir würden die Augenblicke aushalten, in denen wir überhaupt nichts mehr „machen" und ganz gewiß nichts mehr verhindern können, in denen wir jedoch gemeinsam bleiben würden mit dem scheinbar rettungslos Verlorenen? Es ist ja möglich, daß wir unendlich viel Leid in dieser Welt nicht verhindern können, daß wir für millionenfache Katastrophen keine Antwort, kein Rezept, kein Programm haben, und trotzdem hört sie nicht auf – diese Treue des Mitleids und der Liebe zu dem, was sich im Leben und zum Leben miteinander verbunden hat.

Matthäus meint, ebenso sei das Werk der Frauen: In der Männergeschichte mögen sie ohnmächtig erscheinen, aber schon daß sie menschlich dabeibleiben und nicht aufhören zu begleiten, ist eine Botschaft Gottes, die man nie mehr vergessen darf. Es gibt eine Zärtlichkeit, die nicht widerlegt wird durch die Schändlichkeit später; es gibt eine Salbung des Lebenden, die den Tod überdauern wird; es gibt eine Liebe, welche die Trennwand des Sterbens nie mehr versperren kann. Das verkörpert diese uns unbekannte Frau in Bethanien, das ist ihr Evangelium bis zum Ende der Zeiten: Es kommt nicht unbedingt darauf an, den großen Gang der Geschichte aufzuhalten, aber es kommt darauf an, menschlich zu bleiben. Ein sanfterer Protest ist nirgendwo überliefert: Solange wir noch rechnen und kalkulieren, wird das Tun dieser Frau als Vergeudung erscheinen – was hätte man alles mit diesem Geld „machen" können! Ein derartiges Denken geistert immer wieder in unseren Köpfen, und wir bezeichnen es nach männlicher Logik gern als Vernunft. Aber wieviel Stimmigkeit des Gefühls lebt im Herzen dieser Frau! Sie steht am Eingang dieser Passionsgeschichte, an deren Ende wiederum Frauen stehen, dann gegenüber dem Kreuz, dann gegenüber dem Grab, um das Zerstörte zu salben – gegen den Tod steht die erste, gegen die Verwesung die anderen, für das Leben sie alle.

Mitten in die Passionsgeschichte stellt Matthäus zum zweiten eine Szene: Als Pilatus bereits hinausgeht, um Jesus dem Willen der Menge zu opfern, soll seine Frau nach ihm geschickt haben, beunruhigt durch ein inneres Traumgesicht: „Nichts da! Du und jener recht vor Gott Lebende!" (Mt 27,19) Würde man auch nur ein einziges Mal hören auf die Stimme einer Frau, hätte man auch nur ein einziges Mal die Fähigkeit, die innere Wahrnehmung eines Traumes ernster zu nehmen als das Gekreisch der Menge und die scheinbare Logik der verwalteten Macht, es wäre Jesus ganz sicher nicht umgebracht worden! Bei Matthäus besitzt dieser Gedanke eine Logik von den ersten Zeilen seines Evangeliums an: Das Kind in Bethlehem bereits hätte nie überlebt ohne die Fähigkeit, Träume zu verstehen, die von Engeln Menschen gebracht werden. Wie rettet man die Wirklichkeit des Herzens gegen die unbegreifbare Grausamkeit, die bis zum Hohn anschwillt, bis zum Spaß am Sadismus, bis zum vollkommen abgesicherten, vermeintlich göttlich legitimierten Rechthaben? Matthäus meint das wirklich: Jesus wäre niemals in dieser Weise gestorben, hätte „man" dem Traum einer Frau rechtzeitig Folge geleistet! Sie fühlte als eigenen Schmerz in der Nacht schon voraus, was da geschah. Sie wachte vorweg, während die Männer schliefen. Sie stand da, als sie die Flucht ergriffen – die Frau des Pilatus mit der Botschaft ihres Traumes! Würden wir wenigstens fühlen und mit inneren Augen sehen, was wir tun, meint das Bild dieser Szene, wir wären völlig außerstande, es jemals zu verrichten, es drehte sich uns das Herz und der Magen um, wir könnten es nicht; wir müßten nur einmal wirklich begreifen, was wir da anrichten in den Spielen der Männer! Um Macht geht es da, um Niederhalten von Aufruhr, um verantwortliche Entscheidungen – und immer waschen sie am Ende sich die Hände in Unschuld für das, was sie gerade anrichten.

Es gibt zum dritten die Schar der Frauen, die, nach Matthäus, Jesus gedient hatten von Galiläa an; sie stehen von weitem am Kreuz, traurig und tröstlich zugleich. Sie werden den toten Jesus begleiten zum Grab. Sie werden die ersten Zeugen seiner Auferstehung sein. Doch mit ihnen gemeinsam, als einziger Mann, der zumindest am Ende sich offen zu dem Gehenkten bekennt, taucht jetzt, wie im Nachtrag, da alles zu spät ist, Joseph von Arimathäa auf. Er war ein Jünger Jesu, sagt Matthäus. Nach Markus war er Mitglied im Hohen Rat. Dieser Mann offenbar hat gedacht, wie wir selbst immer wieder: wenn er nur dabeibliebe, könnte er vielleicht etwas verändern oder verhindern; wenn seine Stimme gehört würde in dem Kreis, der die Entscheidungen fällt, ließe sich das Ärgste eventuell doch noch vermeiden. An diesem Abend des Karfreitags muß Joseph von Arimathäa bemerken, daß es falsch ist, mitgemacht zu haben, daß man nichts verhindert, indem man dabeibleibt. Es gibt am Ende des Karfreitags ein Entscheidendes zu lernen: daß jeder Aufschub einer richtigen Entscheidung die Sache nur verdirbt. Ja, selbst wenn es so wäre, daß sich am Weltenlauf gar nichts ändern würde durch unser Bekenntnis, so verliefe unser Leben trotzdem bereits durch eine entschlossene Wahrhaftigkeit entscheidend anders. In dieser Nacht befindet Joseph von Arimathäa, daß sein Leben selbst ist wie ein vorweggenommener Tod: An die Stätte seines Grabes bettet er seinen Freund, Jesus von Nazaret, wie einen Familienangehörigen, wie sein anderes Ich! Mit ihm starb er! Und wenn jetzt jemals Leben noch sein soll, dann nur, indem er dies ganz klar vor aller Augen dokumentiert.

Da bleibt die Frage, mit der nach der Darstellung des Matthäus alles hier endet: Lassen Gräber sich versiegeln? Sind

Menschen, nur weil man sie zu töten vermochte, eine Kommandosache, die sich erledigt hat? Kann man da wirklich in Gottes Namen so sicher gehen: ein Mensch, den man liquidiert hat, sei tot, mausetot? Offenbar nicht! Die Legende des Matthäus ergänzt, man habe vor das Grab Jesu eine eigene Wache postiert, damit sich darinnen nur ja nichts mehr rege. Entsprechend dieser Einstellung gibt es über Menschen nichts weiter zu wissen, als daß sie ein Produkt der Geschichte sind und ein Opfer der Geschichte bleiben. Was sie waren, bestimmen, wenn es so steht, einzig die Mächtigen selber; nichts weiter mehr ist da auszumachen an Sinn und Erwartung und Hoffnung.

Es ist angesichts des Zynismus der Macht so überaus wichtig, daß Matthäus uns bereits im voraus erklärt hat: Schon als Jesus starb, haben zahlreiche Gräber sich aufgetan, und es wird sich ausbreiten! So viele Wachen wird es nicht geben, Menschen einzuschließen, die Gottes sind. Wenn wir nur aushalten, wenn wir nur wach bleiben, wird der Menschensohn wiederkommen, wird die Menschlichkeit siegen. Sie lebt in uns, sie überdauert die Verwesung, und die scheinbare Ohnmacht wird stärker sein als die vermeintliche Macht: „Die Wehrlosen werden das Land erben." Immer ist das Wasser stärker als der Stein, immer ist der Südwind mächtiger als das Eis, immer ist der Regen siegreich über die Wüste. Es gibt zwei Frauen: Maria von Magdala und die andere Maria, „die saßen der Grabstätte gegenüber" – wie Isis und Nephthys am Sarkophag des verstorbenen Gottes, Gemahls und Geliebten Osiris. Und ihre weinende, verzweifelte Liebe wird den Nährboden bilden für eine trotz allem keimende Hoffnung: Was ein Mensch ist, läßt sich nicht töten!

Vom Sieg des Lebens über den Tod

Spät nach dem Sabbat aber, im Aufleuchten des ersten Wochentages, kam Maria von Magdala und die andere Maria, um die Grabstätte zu betrachten. Und da, ein Beben geschah, ein großes, denn: ein Engel des Herrn stieg aus dem Himmel hernieder, wälzte den Stein weg und setzte sich darauf. Es war aber sein Aussehen wie ein Blitz und sein Gewand weiß wie Schnee. Aus Furcht vor ihm aber erbebten die Wächter und wurden wie Tote. Als Antwort aber hat der Engel den Frauen gesagt: Fürchtet euch nicht. Ich weiß ja: Jesus, den Gekreuzigten, sucht ihr. Er ist nicht hier; denn: auferweckt ward er, wie er gesagt hat. Kommt her, seht den Ort, wo er gelegen. Drum schnell, geht, sagt seinen Jüngern: Auferweckt ward er von den Toten, und da, vorausgeht er euch nach Galiläa, dort werdet ihr ihn sehen. Da, ich habe es euch gesagt. Und sie gingen fort, schnell, weg vom Grab, in Furcht und großer Freude. Ja, sie liefen, es zu vermelden seinen Jüngern. Und da: Jesus kam ihnen entgegen, sprechend: Seid gegrüßt. Die aber traten heran, ergriffen seine Füße und warfen sich vor ihm nieder. Da sagt ihnen Jesus: Fürchtet euch nicht. Geht, vermeldet meinen Brüdern, daß sie weggehen nach Galiläa; und dort – mich werden sie sehen. Mt 28,1–10

Es gibt Texte im Neuen Testament, die an sich nur von Frauen gelesen und verlesen werden dürften, weil sie von alters her ureigenste Botschaft aus dem Munde von Frauen enthalten. Die Leidensgeschichte Jesu spielt ausnahmslos in der Dramaturgie von Männern; die Botschaft vom Sieg des Lebens aber ist seit mythischen Tagen im Herzen und auf den Lippen von Frauen überliefert worden.

Alles an der Ostererzählung des Matthäusevangeliums ist von innen her, symbolisch zu verstehen. Schon in der Markus-Vorlage ist die Erzählung von der Auffindung des Grabes eher ein später Kommentar, eine nachgeholte Erklärung, als eine wirkliche Begründung des Osterglaubens. Die ersten Ostererfahrungen dürften Visionen gewesen sein, wie sie Paulus, Lukas und Johannes erzählen als Ausdruck innerer Erfahrung. Die Texte sollten nicht als Tatsachenberichte gelesen werden.

Bis heute scheint es schwer, die „Objektivierung" beziehungsweise die Materialisierung des Auferstehungsglaubens durch ein angemessenes symbolisches Verständnis religiöser Wirklichkeit abzubauen. Aber selbst die äußere Apologetik verinnerlicht sich, je länger sie dauert, zu einem schon wieder neuen großartigen Bild: Das Leben läßt sich, selbst in versiegelten Gräbern, nicht einsperren; die Hoffnung läßt sich mit keiner Wachmannschaft unter Arrest stellen; das, was Menschen sind, läßt sich endgültig nicht totmachen.

Hoffnungen dieser Art sammeln die Menschen, seit sie im Verlauf von Hunderttausenden von Jahren zu sich selber erwachen. Sie leiden und fühlen schmerzhaft die Last des Todes, und zwar um so mehr, als sie das Leben lieben.

Immer wieder haben sie dabei versucht, symbolisch das Zeugnis der Natur selber aufzurufen gegen das blinde Wüten des Todes im biologischen Haushalt des Lebens, und es war wie eine verlockende orphische Melodie, wie ein weiblicher Gesang im Herzen der Welt, daß man allein schon den Rhythmus der Zeit im beginnenden Frühling zu hören verstand als einen religiösen Hinweis, als einen magischen Beweis, den periodischen Neubeginn des Lebens höher zu stellen als seine periodische Beseitigung. Es ist kein Zufall, daß wir gerade am Beginn des Frühlings die Feier der Auferstehung Jesu miteinander begehen. Da weicht die Schneekälte und die harschene Kühle des Winters von den Fluren; Blumen und Kräuter regen sich in der Erde, durchbrechen, was über sie gelegt ward wie eine Last aus gefrorenen Tränen, und melden sich von neuem zurück in unvergänglicher Schönheit. Dieses Schauspiel allein schon lädt den Menschen ein zu einem bestimmten Weg der Hoffnung: „Wenn", so lautet die symbolische Botschaft des Frühlings, „es um dich herum sich legt wie erfrierend, wie tötend in der Gefühlskälte von Einsamkeit und Leere, so hoffe mitten im Schmerz auf ein wiedererwachendes Leben. Entsinne dich, wie es ist, Winter für Winter, wenn du nichts siehst als Tod: Das Leben schläft nur unter dem Eis. Es wagt sich bald schon wieder hervor unter dem Leichentuch des Schnees. Und so (vielleicht!) doch dein Leben auch!" Zurückkehren vor allem werden im Frühjahr die Tiere. Sie waren für die Jägervölker in den Jahrtausenden der Eiszeit das Leben selbst; es ist für uns ein Stück Poesie auf die unvergängliche Schönheit des Lebens, wenn wir zwischen April und Mai dem Tanz der zurückkehrenden Schwalben über den Seen und Flüssen zuschauen dürfen, ihrem Liebesspiel, dem Beginn ihres Nestbaus und der Kühnheit, mit der sie, während die Kälte noch ringt mit der beginnenden Wärme des Sommers, Leben aussetzen am Ort ihres eigenen Ursprungs. Alles kehrt zurück an den Ort, von dem es kam, um sich von neuem wiederzugestalten in vermehrtem Reichtum. „Seid fruchtbar und mehret euch", das ist der Frühling; und wenn man es nach innen zieht, wieviel liegt darin an Freude und Mut gegen die einengende Kärglichkeit der Mutlosigkeit und der Angst!

Dabei feiern wir Ostern gerade am Sonntag nach Frühlingsvollmond. Von alters her war auch das ein Symbol, daß sich am Himmel das Lichtgestirn der Nacht alle vier Wochen erneuert und aus den drei Tagen des Neumonds schöner denn vormals hervorwächst, – eine zeitliche Ordnung, die den Mond auf rätselhafte Weise verbindet mit der Periode der Frau, ein Geheimnis seit den ältesten Spuren, die aus der Eiszeit an menschlicher Erinnerung uns überkommen sind. Wenn das Licht der Nacht stärker ist als die Dunkelheit, wenn es verschwindet, nur um sich zu verjüngen, kann es sich dann mit dem Menschen nicht ähnlich verhalten? Nach drei Tagen im Schoße des Nichtseins, des Dunkels, des Entschwindens vor unseren Augen beginnt es von neuem, und der Sargdeckel der Finsternis hebt sich, und es erscheint von neuem vor unseren Augen das Spiel von Licht und Schönheit und Neubeginn.

Wenn sich Sonne und Mond am Himmel verpaaren am Sonntag nach Frühlingsvollmond und die Wärme siegt über die Kälte und das Leben über den Tod, dann ist es der rechte Zeitpunkt, den Frauen zu lauschen. Sie sahen in den Schattenspielen von Sonne und Mond, in dem Wiederbegrünen der Fluren nie nur ein Ereignis der Natur, sie deuteten es schon in den ältesten Mythen als ein Ringen der Liebe gegen das Leid, – einer liebenden Frau gegen den Tod ihres Mannes.

In Mesopotamien seit alters her erzählte man die Mythe von der Göttin Ischtar, die in schmerzhafter Trauer um ihren verstorbenen Gatten, den Hirtengott Dumuzi, es wagte, in die Unterwelt hinabzusteigen und sich vor der Totengöttin Ereschkigal zu entblößen, schutzlos und offen, um an ihrer Hand den Geliebten, zurückzuführen auf die Erde; und indem sie das tat, berichtet die uralte Göttergeschichte, kehrte zurück das grünende Gras und die blühende Blume und das wiedererwachende Getreide.

Ganz ähnlich im antiken Ägypten: Als Osiris, der Bringer der Kultur und der Feldfrüchte, gemordet wurde von dem Wüstengott Seth, ging seine Gemahlin und Schwester Isis auf die Suche nach dem Zerstückelten, beugte sich über ihn und erweckte in ihren Armen, in den Tränen ihrer Trauer und der Zärtlichkeit ihrer Liebe, den Gemordeten neu. Deswegen steigt der Nil jedes Jahr über die Ufer und wirft Leben aus in die Wüste. Darum keimt das Korn auf den Feldern. Darum wächst der Mond in den Nächten. Und jede Frau, meinten die Ägypter, hätte die Kraft, es durch ihre Liebe der Isis gleichzutun.

Im 13. Jahrhundert v. Chr. zum Beispiel entstand im „westlichen Lande" von Theben das kleine, wunderschöne Grab des Bürgermeisters des Ortes, Sennefer („der schöne Bruder") geheißen. Seine Frau, Senet nai, so stellen es die Fresken der Wände dar, kehrt in das Grab ihres Gatten zurück und reicht ihm die Binden der Hochzeitsnacht, wie um zu sagen: „Es gibt keine Trennung im Sterben, sondern wir werden uns wiedersehen; was wir Sterben nennen, ist gerade soviel wie eine ewige Hochzeit der Liebe, wie ein Eintauchen ins Licht. Wir lassen nicht voneinander." Darum wohl nannte Sennefer vom Grab aus seine Frau mit neuem Namen: Meriti, meine Geliebte, meine Ewiggeliebte.

Es war diese Erfahrung von der Einmaligkeit und Unvertauschbarkeit eines Menschen im Raum der Liebe, die in der Spätzeit der altägyptischen Religion unter griechisch-römischem Einfluß die Portraitkunst in der Mumienmalerei hervorbrachte. Der christliche Glaube an die Errettung des Einzelnen aus der Macht des Todes hat hier eine uralte Wurzel.

Die Griechen hatten ihre Art, die ursprünglichen Göttererzählungen in Form vermenschlichter Legenden aufzugreifen, wie sie denn insgesamt das Göttliche in menschlicher Gestalt zu formen verstanden. Das Drama von Liebe und Tod sollte ihnen nicht länger spielen unter den Göttlichen am Himmel, es sollte sich aufführen im menschlichen Herzen. So erzählten sie von Alkestis, über welche die Göttinnen des Schicksals den Tod des geliebten Gemahls Admetos verhängt hatten; nur dann wollten sie ihren tödlichen Entschluß aufhalten, wenn sich jemand bereit mache, statt seiner das Todeslos auf sich zu nehmen; doch niemand fand sich dazu willens, außer einzig Alkestis selber. Nach zwei Jahren einer glücklichen Ehe also, der zwei Kinder entstammten, sollte Alkestis verscheiden, und wirklich wäre sie unentrinnbar dem Tod anheimgegeben gewesen, wäre nicht Herakles des Weges gekommen und hätte nicht er, um die Gemahlin dem Gatten zurückzubringen, den Gott des Todes besiegt. So jedenfalls schildert es *Euripides* in seiner Tragödie *Alkestis*. Andere erzählen, die Göttin des Totenreiches, Persephone, sei allein durch die todesmutige Treue der Alkestis so angerührt worden, daß sie selbst die Tote ins Leben zurückgeführt habe.

„Die Liebe ist stark wie der Tod." (Hld 8,6) Das ist die Botschaft der Frauen im Erbe des Mythos, im Wort auch der „Tröstung der Völkergemeinschaft". – Besonders im Johannesevangelium hören wir es ganz ähnlich: als dort Maria von Magdala an das Grab tritt, um den Leichnam Jesu zu salben, habe sie an der Stelle, da der Körper Jesu gelegen sei, zwei Engel gefunden. Ganz so zeigten es Jahrtausende zuvor bereits die altägyptischen Bilder: zu Häupten und zu Füßen des Verstorbenen knien da Isis und Nephthys, die Gestalten der liebenden Geschwister des toten Osiris, wie Engel, die ihre Hände zum Schutz über den verstorbenen Menschen breiten, daß er nicht sterbe, sondern sei wie das Licht, das aus dem Dunkel hervorgeht. Man kann am Tod nur wirklich verzweifeln in der Liebe, aber nur durch die Liebe gewinnt man die Kraft, über den Tod hinaus zu hoffen, zu warten, sich zu sehnen und zu glauben – wohl in dieser Reihenfolge!

Oft genug müssen Menschen erleben, wie gerade derjenige, an den sie am meisten sich zu halten suchten, indem er den wesentlichen Inhalt ihrer Existenz bildete, vor der Zeit von ihrer Seite hinweggerafft wird. Man ist gewöhnt zu denken, daß ein Mensch in hohem Alter, „lebenssatt", wie die Bibel gern sagt, „hinweggenommen" wird, doch alles in uns protestiert allein schon gegen die Unzeitigkeit und Unzeitgemäßheit des Sterbens von Menschen, die zu diesem Augenblick nie hätten sterben dürfen, schon weil sie in unserem eigenen Leben viel zuviel bedeutet haben. Es hilft meist nur wenig, die Trauer trösten zu wollen, mit der wir den Verlust des Geliebten so deutlich spüren; wir sehen gar nicht, wie sich die Lücke schließen ließe, die der Tod eines geliebten Menschen gerissen hat. Es hat auch kaum einen Sinn, wenn andere an unserer Seite erklären, die Trauer müsse aber ihr Maß finden, irgendwann müsse das Leben den Schmerz überreifen, – wir vermögen es in aller Regel nicht.

Erschütternd zum Beispiel sind in der römischen Antike die Bemühungen des stoischen Philosophen *Seneca*, in mehreren Briefen Marcia zu trösten, eine Frau, die kurze Zeit nach dem Tod ihres Mannes auch noch ihren Sohn zu Grab hatte tragen müssen und mit ihm all ihre Hoffnung verlor. „Du bist doch", suchte *Seneca* dieser stolzen und edlen Frau sinngemäß zu sagen, „von hoher Abkunft, von klarem Verstand; dein Leben kann noch so reich sein; du darfst dich nicht länger vergrämen, es ist deiner unwürdig!" (*Trostschrift an Marcia*) Man kann nicht annehmen, daß Marcia durch diese Appelle von ihrer Trauer gelassen hätte. Wie denn auch sollen wir Hoffnung schöpfen, wenn mit dem Menschen an unserer Seite alles das fortgeht, worauf wir selber uns gründen!

Und doch mag es sein, daß nach und nach die Perspektive des Lebens ein wenig sich wandelt, daß sie nicht länger mehr nur nach rückwärts gerichtet bleibt, sondern daß wir im fortschreitenden Alter erneut in die Zukunft blicken, um vor uns zu sehen, was wir hinter uns zurücklassen mußten. Da wendet sich nach und nach die Trauer des Abschieds in Hoffnung auf Rückkehr und neue Gemeinsamkeit. So waren und sind die Formen der Zuversicht bei fast allen Religionen der Menschheit; sie sind ein begrenzter Trost gegenüber dem normalen Gang der Natur, die sich nur erhält in einem Gleichmaß aus Geburt und Tod.

Schmerzhafter indessen geht der Tod uns an, wenn er sich ereignet durch einen gewissermaßen vermeidbaren Unfall oder Zufall. Alles in uns rebelliert dann und weigert sich, die Sinnlosigkeit eines solchen Schicksals zu akzeptieren. Am Ärgsten aber ist das, was uns die Passionsgeschichte der Bibel erzählt; da müssen wir uns das Äußerste vorstellen: daß hier ein Mensch nicht einfach stirbt, sondern mit System in den Tod getrieben wird. Und warum das? Nicht weil er etwas getan hätte, auf das hin man ihn so hätte strafen müssen, sondern weil all seine Gedanken, weil seine ganze Lebensart, weil sein Wesen die gesamte Todespraxis der menschlichen Geschichte in Frage gestellt hat! Deswegen glaubte man sich seiner nicht anders erwehren zu können, als indem man ihn unter die Füße trat und aus dem Leben hinwegschaffte wie etwas Gemeines, wie etwas Ärgerliches, das nie hätte sein sollen und nie wieder sein dürfte.

Macht man sich auch nur einen Moment lang einmal deutlich, was da auf dem Spiel steht zwischen Karfreitag und Ostern, so versteht man, daß der Gang der Frauen zum Grab im Matthäusevangelium weit mehr noch bedeutet als der Besuch der Grabstätte eines uns sonstwie nahestehenden Menschen. Was da nicht sein soll, was man da getötet hat, ist im Grunde all das, was an Leben und Hoffnung in unserem Dasein aufblühen mochte!

In der Liturgie der Osternacht der katholischen Kirche lesen wir den Schöpfungsbericht aus den Anfangsseiten der Bibel, und in der Tat ist alles, was Jesus uns in seinem Leben wie in seinem Sterben gebracht hat, ein neuer Anfang, ein neues Sein, eine Neuschöpfung unseres Daseins aus der Kraft der Liebe. Jesus wollte, daß wir uns nicht länger einschüchtern ließen durch das Todeslos im Gang der Natur, er wollte, daß wir hinter der Ordnung der Schöpfung ein Geheimnis wahrnehmen würden, das er als väterlich (oder als mütterlich in unserer Sprache) bezeichnete, – einen Punkt, von dem aus Licht, Wärme und Güte in unser Leben kämen. Der Glaube, daß da ein Gott sei, der die Welt „gemacht" habe, war für Jesus nicht eine naturphilosophische Erklärung über den Ursprung der Welt, es war für ihn eine Antwort auf die menschliche Angst angesichts des Abgrunds.

Unter unseren Füßen beginnt die Erde zu beben, wenn wir unserer Lage als Naturwesen auch nur einen Augenblick lang mit Bewußtsein innewerden. In ein paar Jahren schon ist das, was wir heute noch sind, wie verweht, und die Spuren, die es hinterläßt, sind bald schon nicht mehr auffindbar. Wer also sind wir? Wer meint uns wirklich? Alles, was wir menschlich erleben können, besteht darin, daß uns einzig ein Mensch an unserer Seite, der uns wirklich liebt, das Gefühl zu schenken vermag, wir seien mit unserem Dasein berechtigt, ja, notwendig, wir seien gemeint. Nur ein Mensch, der uns liebhat, kann zu uns sagen: „Es ist gut, daß es dich gibt", oder gar: „Ich brauche dich sehr, und ich bin überglücklich über das Geschenk deines Daseins."

Aber auch Menschen sind vergänglich, und selbst ihre Liebe ist oft genug flüchtig; dennoch ist ihre Zuneigung in den kurzen Tagen unserer irdischen Existenz wie ein Fenster, durch welches ein Licht flutet, das sich nie mehr auslöschen läßt, wenn wir es erst einmal wirklich begreifen. Wir nehmen das Wort der Liebe aus dem Munde eines Menschen an unserer Seite und fügen es ein in das Zentrum von allem, in den Schwerpunkt des Universums, an die Stätte und den Ort, aus welchem alles entsteht. Wir nennen die Liebe Gott selber, und wir begreifen mit einem Mal: alles an unserer Seite muß sein und soll sein, wenn und weil wir es lieben. So wollte Jesus, daß wir an Gott glauben: indem wir den scheinbaren Zynismus der Welt, indem wir die Gleichgültigkeit der Ordnung der Natur überwinden und dagegen die Liebe setzen. Es würde unser ganzes Leben verändern. So leicht sonst läßt sich der Tod zu einer Waffe schmieden im Kampf um das Leben, und ein jeder steht dann schon aus lauter Todesangst gegen den anderen, indem er ihm Angst macht, in den Tod gestoßen werden zu können. Es gibt nur eine Zuversicht, welche die Menschen untereinander trotz aller Todesangst zu verbinden vermag, das ist, an die Liebe zu glauben. Wir müssen denken, sie sei stärker als der Haß, und es sei über uns ein Gott zu sehen, der seine Sonne aufgehen läßt über alle Menschen, über „gute" und „böse" (Mt 5,45), und der selber die Entgegensetzung der Menschen aufhebt in der Gemeinsamkeit seines Verstehens.

Wir lesen in der Liturgie der Osternacht auch den Text vom Auszug aus Ägypten; und in der Tat: Jesus wollte, daß wir die Fesseln abwürfen und hinauszögen aus dem Gefängnis der Menschenfurcht und der Menschenabhängigkeit. Nicht nur als Personen sollten wir uns befreien in der Energie der Liebe aus der Versklavung an die Natur, die uns umgibt, wir sollten zugleich aufhören, Menschen so zu fürchten, daß sie imstande wären, unsere eigene Freiheit zu versperren. Nur die Angst ist dazu imstande. Sie läßt uns in den eigenen Augen als so klein erscheinen, sie macht vor uns den anderen so überwertig und groß, daß er dasteht, als wäre er selbst eine göttliche Macht, ein ägyptischer Pharao, und selbst wenn wir es wagen, vor ihm zu fliehen, wird es geschehen wie bei Nacht und Nebel, wie etwas Verstohlenes, immer bis dahin bettelnd förmlich um die Erlaubnis unserer Freiheit. Ja, am Ende kann die Angst uns derart wieder einholen, daß wir geradezu darum betteln, lieber in der Dienstbarkeit fremder Herren dahinzuvegetieren als in der Wüstenei unserer Freiheit, im Exodus, zu verkommen. Jesus wollte, daß wir es wagen, Menschen zu werden, unableitbar, wir selber, mit allem Mut, der dazugehört, für uns selbst einzustehen und gegen die Angst das Leben noch einmal zu lernen. Da müßten wir Schritt für Schritt einfach weitergehen wie auf den Aufruf des Mannes Moses hin, der am anderen Ufer die Hand ausstreckt und zu uns sagt: „Komm!" So war das ganze Leben Jesu: an die Liebe zu glauben und an die Freiheit des Menschen. Da sollte das Vertrauen sich an die Stelle von Zynismus und Ohnmacht setzen, und die Menschen sollten aufblühen zu ihrer Größe, bis ihnen selber wieder ihr eigenes Leben gehörte.

Und was, mag man fragen, ist daran todwürdig? Man findet es schnell. „Er ist ein Gotteslästerer", wird man dem Mann sagen, der so sehr auf der Seite Gottes stand, daß keinerlei Zwielicht mehr das Antlitz Gottes umdüstern sollte. Man wird ihn wie einen Teufelsdiener ausstoßen, während er kam, uns Gott so nahe zu bringen, daß zwischen Menschlichkeit und Frömmigkeit kein Gegensatz mehr sei. Es wird die etablierte Religion niemals verstehen, daß man sie bekämpfen kann, indem man sie mißt an dem, was sie vertreten sollte, – am Maßstab des Göttlichen selbst, also sie überprüft am Maßstab ihrer Menschlichkeit. Es werden die Verwalter des Religiösen niemals begreifen, daß Gott im Herzen der Menschen lebt und nichts anderes will als Freiheit und Lebendigkeit. Sie müssen es fürchten, und sie werden versuchen, wo irgend sie können, es immer wieder zu diffamieren und zu destruieren mit Verleumdung, Lüge, Mord, Korruption, – immer im Hoffen, die Geschichte ginge so wie bisher weiter, siegreich für sie, wie sie glauben.

Wenn es so steht, begreift man, daß der „Karfreitag", bliebe es dabei, wirklich das Ende von allem wäre. In der Tat wäre das Leben dann selber getötet; mit ihm erstürbe jegliche Hoffnung, und jeglicher Haß kehrte zurück zu seiner systematisierten Gestalt, er würde wie selbstverständlich genommen mit Berufung auf alle möglichen gesetzlichen Begründungen, es würde die Suffisance des Machterhalts die Menschen nur immer weiter einschüchtern, und es hätte sich buchstäblich nichts ereignet von all den Wundern Jesu, in denen Menschen sich selbst wiederzufinden vermochten.

Gott sei Dank gibt es am Ostermorgen eine kleine Gruppe von Frauen, die so nicht glauben können und nicht glauben wollen, wie es den Männern um Jesus inzwischen fast schon wie sicher scheint. Die Jünger sind bereits zurück nach Galiläa geflohen, erzählen uns die Evangelien. Diese Frauen aber versuchen, zumindest dem Grabe Jesu treu zu sein, und es ist ihre Trauer, die ihnen die Augen öffnet und sie lehrt, alles noch einmal ganz anders zu sehen. Es ist der Punkt, der uns am innerlichsten ist: Wie oft werden Menschen über Friedhöfe gehen im Weinen über die Grabsteine, im Schmerz über soviel sinnloses Leid, und sie werden ihre Hände an die Birkenstämme legen und an die Zweige der Tannen auf den Friedhöfen und sie streicheln, wie wenn es die Verstorbenen noch berühren könnte. Wenn alles blüht im Frühling rings umher, warum dann nicht auch und gerade das Leben dieses zu Unrecht Ermordeten, warum dann nicht auch seine Wahrheit? So ähnlich müssen diese Frauen gefühlt haben am Ostermorgen. Soll das das Letzte sein: Flucht und Angst, Einschüchterung und Sich-Beugen?

Es ist nur konsequent, daß wir diese Frauen, die Jesus nachgefolgt sind bis in die Stunde des Erdbebens und der Sonnenfinsternis des Karfreitags hinein, am Ostermorgen wiederfinden auf dem Wege zum Grabe, um das Grab zu besehen, um die Relikte des Zerstörten nach ägyptischem Vorbild als Reliquien der Hoffnung zu konservieren. Natürlich geht es so nicht; was sie tun, ist ein Weg ins Nichts. Aber in diesem Moment geschieht es doch, daß sie das Grab Jesu „offen" sehen; die Trennung hebt sich auf zwischen den Lebenden und dem Verstorbenen; fühlbar gibt es nur eine unzerstörbare Gemeinsamkeit am Ort einer Liebe, die nie mehr aufzulösen ist.

Da wird die Botschaft der alten ägyptischen Mythologie im Gefälle der Sensibilität und der Zärtlichkeit zu einem wirklichen Offenbarungsbild: Ein Engel vom Himmel, so Matthäus, öffnet das Grab und zeigt den Frauen die Stelle, an der er lag. Der Jesus, den sie als Toten suchten, ist der einzige in Wahrheit Lebende! Man muß nur hinübergehen nach Galiläa, zum Ort, da alles begann, und man wird ihn finden! Das freilich zeigt den Unterschied zwischen den Jüngern und diesen Frauen: Jene fliehen nach Galiläa, um zurückzukehren in ihr Leben, wie es einmal war, bevor sie Jesus kennenlernten; diese aber gehen nach Galiläa, um ihr Leben so in die Hand zu nehmen, wie Jesus es gemeint hat. Man muß ihn nicht an der Stelle suchen, wo man glaubte, ihn versiegeln und beerdigen zu können, sondern dort, wo er lebendig war; man muß von neuem hören lernen auf jedes der Worte, die er an den Gestaden des Sees von Gennesaret sprach.

Das ist das Leben, – genau wie er sagte: „Glücklich sind, die sich endlich erlauben, weinen zu dürfen – im Moment, wo sie es tun bereits, tröstet sie Gott." Sie verhindern, müßte man ergänzen, daß sie in der Mitleidlosigkeit der Welt endgültig erfrieren. „Und glücklich, die sich entscheiden zur Wehrlosigkeit und dadurch Heil über andere Menschen zu bringen vermögen. Nur sie werden günstig sein könnnen dem Frieden."

„Und glücklich, die wissen um ihre Armut; denn nur sie können gütig sein und sich öffnen zu anderen voller Erbarmen." (Mt 5,3–5) Wenn solche Worte nicht wahr sind, wo soll das Leben dann sein?

Aber dann muß man im Sinne Jesu glauben an diesen Fixpunkt jenseits des Todes und alles noch einmal versuchen. Nichts ist widerlegt, indem man Jesus tötete. Die Hinrichtung Jesu ist kein Argument, ganz im Gegenteil. Sie zeigt nur, wieviel Angst all seine Gegner vor ihm hatten; sie zeigt nur, wer sie selber sind. Sie sind der Tod, eine Schreckensmaske, ein Spuk, eine Zerrgestalt des Menschlichen. Dort ist kein Leben zu suchen, sondern selbst hat sich alles das dekuvriert und denunziert, was man so feierlich im Namen Gottes den Menschen vorzugaukeln suchte. Der Mann aus Nazaret aber hatte recht: Man findet Gott unter den einfachsten Menschen, mitten in der Verzweiflung, mitten im Dunkel. Er kam in seinem ganzen Leben, um hinabzusteigen in die „Unterwelt". Für ihn waren wir alle wie lebend Tote, und er mochte, daß wir endlich begönnen, uns wirklich zu wagen, so wie Gott uns gemeint hat. All seine Worte waren ein Aufatmen, ein Ruhefinden, ein Geborgensein in diesen unsichtbaren Händen dessen, was er seinen „Vater" nannte.

Dieses Vertrauen dürfen wir uns nicht nehmen lassen. Wenn irgend wir je einen „Engel" zu uns reden hören, an dieser Stelle, wo sonst nichts ist als Tod, dann wird er so zu uns sprechen: „Versucht nur alles noch einmal! Geht hinüber nach Galiläa, Schritt für Schritt, wie Israel durch das Rote Meer; es werden die hereinfallenden Wasser rechts und links euch bedrohen, doch tut nichts weiter, als unbeirrt der Fußspur des Vorbilds zu folgen, und ihr werdet erleben: Er kommt euch entgegen! Er läßt sich euch sehen! Und es wird sein: Ihr werdet auf einem Berge stehen, als wäre die Welt zu euren Füßen, und eure Stirn wird den Himmel berühren, und das Licht des Göttlichen wird euch umspielen" (Mt 28,16).

Es ist sowohl Ungeduld wie Verheißung, wenn Matthäus an dieser Stelle nicht warten kann. Seine Vorlage, das Markusevangelium, endet mit den Worten: „Die Frauen aber flohen vom Grab, voll Furcht, wie sie waren" (Mk 16,8) – das ist kein Schluß, findet Matthäus, sondern: Den Frauen, die hinübergehen nach Galiläa, denen schon, noch unterwegs, begegnet Jesus, und sie spüren es im Herzen und sind voller Freude und fallen zu Füßen dem, der den Tod bestand und ihn besiegte im Vertrauen auf Gott, indem er hindurchging durch alle Menschenangst.

Wenn wir uns fragen, was ist das, ein glaubender Mensch im Sinne Jesu, ein „Christ" in der Sprache der Überlieferung, dann müßten wir seit den Stunden des Ostermorgens, seit der Botschaft der Frauen wohl sagen: Glaubende Menschen sind solche, die hinübergehen nach Galiläa und leben das Leben des nur scheinbar Gescheiterten, des in Wirklichkeit „richtig (vor Gott) Lebenden", und es gibt kein Argument der Angst mehr dagegen. Es gibt nur einen großen gemeinsamen Aufbruch. An jeder Stelle, wo jemand morgens erwacht und er weiß nicht mehr weiter, es liegt der ganze Tag ihm zwölf Stunden lang wie eine unüberwindbare Barriere vor Augen, und er wagt es trotzdem, er beginnt mit den kleinen Pflichten, die er gewohnt ist, da geht doch auch er ein Stück weit hindurch durch das Rote Meer bis zum anderen Ufer; schon der Abend eines solchen geduldig gelebten Tages ist anders als der Morgen! Überall dort, wo jemand gegen die Kraft der

Enttäuschung es wieder wagt, zu glauben an die Unzerstörbarkeit der Liebe, besiegt er die Verzweiflung im Abgrund der Welt. Überall dort, wo ein Mensch sich wiederfindet, nachdem aus seinem Herzen ihm alles genommen wurde mit einem einzigen Griff des Todes, und er erlebt, daß es ein Reifen gibt über den Schmerz und ein Hoffen, sich wiederzusehen, wächst ein Stück Auferstehung in dieser Welt, und wir erleben, daß alles ringsum sich so verhält, wie die alten Ägypter es sahen: Der Himmel wölbte sich in ihren Augen über die Erde wie eine mütterliche Gottheit, wie die sternengewandete Himmelskönigin Nut. Daß wir im Sterben zurückkehren würden in ihre Arme, galt den alten Ägyptern für derart sicher, daß sie den „Sarg" – ein deutsches Wort, aus dem Griechischen stammend: „fleischfressend", den Sarkophag – formten nach dem Bild dieser himmlischen Mutter, gekommen von den Sternen, zurückkehrend ins Licht und umwoben bei Tag und bei Nacht von einer Güte, die möchte, daß wir sind. Das ist die ganze Botschaft der Religion, zu der Jesus uns einlud, daß wir sie mit ihm gemeinsam leben.

Die Auferweckung des Lazarus

Da war jemand krank, Lazarus von Betanien, aus dem Dorf Mariens und ihrer Schwester Marta. Maria aber war es, die den Herrn mit Salböl gesalbt und seine Füße mit ihren Haaren getrocknet hatte. Deren Bruder Lazarus war krank. So sandten die Schwestern zu ihm, mit den Worten: Herr, da, dem du Freund bist, der ist krank. Als aber Jesus das hörte, hat er gesagt: Diese Krankheit ist nicht zum Tode, sondern zur Verherrlichung Gottes, – damit der Sohn Gottes verherrlicht werde durch sie. Doch, es liebte Jesus Marta, ihre Schwester und Lazarus. Wie er also hörte, er sei krank, da blieb er sogar am Ort, wo er war, noch zwei Tage. Dann erst, danach, sagt er den Jüngern: Laßt uns nach Judäa ziehen, noch einmal. Sagen ihm die Jünger: Rabbi, eben noch zu steinigen suchten dich die Juden, und noch einmal ziehst du dorthin? Geantwortet hat Jesus: Sind nicht zwölf Stunden ein Tag? Wenn jemand am Tag umhergeht, stößt er nicht an, denn er sieht das Licht dieser Welt. Wenn aber jemand in der Nacht umhergeht, stößt er an, denn das Licht ist nicht bei ihm. Das hat er gesagt. Und danach sagt er ihnen: Lazarus, unser Freund, hat sich zur Ruhe gelegt, doch gehe ich hin, um ihn vom Schlaf zu erwecken. Haben da die Jünger zu ihm gesagt: Herr, wenn er sich zur Ruhe gelegt hat, wird er gerettet werden. Gesprochen aber hatte Jesus von seinem Tod; sie aber dachten, er rede von der Ruhe des Schlafs. Daraufhin nun hat ihnen Jesus ganz offen gesagt: Lazarus ist verstorben, doch freue ich mich euretwegen, damit ihr Vertrauende werdet; das ist's, warum ich nicht dort sein wollte. Doch nun gehen wir zu ihm. Gesagt hat da Thomas, der „Zwilling" genannt wird, zu den Mitjüngern: Laßt auch uns gehen, um zu sterben mit ihm.

Als Jesus nun kam, fand er ihn schon seit vier Tagen im Grab liegen. Es war aber Betanien nahe bei Jerusalem, etwa 15 Stadien. Viele aber von den Juden waren gekommen zu Marta und Maria, um ihnen Mut zuzusprechen wegen des Bruders. Marta nun, wie sie hörte, Jesus komme, ging ihm entgegen; Maria aber blieb zu Hause sitzen. Gesagt hat da Marta zu Jesus: Herr, wenn du hier gewesen, – nicht wäre mein Bruder gestorben. Doch auch jetzt! Ich weiß, was immer du Gott bittest, wird dir Gott geben. Sagt ihr Jesus: Auferstehen wird dein Bruder. Sagt ihm Marta: Ich weiß, daß er auferstehen wird bei der Auferstehung am Letzten Tage. Gesagt hat ihr Jesus: Ich bin die Auferstehung und das unvergängliche Leben. Wer auf mich vertraut, selbst wenn er stirbt, wird er leben. Und jeder, der lebt und auf mich vertraut, nein, der stirbt nicht – in Ewigkeit. Vertraust du darauf? Sagt sie ihm: Ja, Herr; ich bin zu dem Vertrauen gelangt, daß du Christus, der Messias, der Sohn Gottes, bist, der in die Welt kommen soll.

Und als sie das gesagt hatte, ging sie fort und rief Maria, ihre Schwester; leise sagte sie: Der Lehrer ist da; er ruft dich. Sie aber, als sie das hörte, stand sie rasch auf und kam zu ihm. Noch aber war Jesus nicht ins Dorf gekommen, sondern er war noch am Ort, wo ihm Marta begegnet war. Die Juden nun, die bei ihr im Hause waren und ihr Mut zusprachen, wie sie Maria sahen, daß sie rasch aufstand und hinausging, sind ihr gefolgt; sie dachten, sie gehe zum Grab, um dort zu weinen. Maria nun, wie sie dahin kam, wo Jesus war, und ihn sah, fiel ihm zu Füßen und sagte zu ihm: Herr, wenn du hier gewesen wärest, – nicht gestorben wär' der Bruder. Jesus nun, wie er sie weinen sah und weinen auch die mit ihr gekommenen Juden, ward geistig aufgewühlt und erschüttert und sagte: Wo habt ihr ihn hingelegt? Sagen sie ihm: Herr, komm, sieh selbst! Da brach Jesus in Tränen aus. Sagten deswegen die Juden: Da, wie er ihm Freund war! Einige aber von ihnen haben gesagt: Konnte nicht er, der die Augen des Blinden geöffnet, bewirken, daß sogar dieser nicht sterben mußte?

Jesus nun, erneut zuinnerst aufgewühlt, kommt an das Grab. Es war eine Höhle, und ein Stein lag darauf. Sagt Jesus: Hebt den Stein weg! Sagt ihm die Schwester des Verstorbenen, Marta: Herr, er riecht schon; viertägig doch ist er. Sagt ihr Jesus: Habe ich dir nicht gesagt: Wenn du vertraust, wirst du sehen – die Herrlichkeit Gottes? Hoben sie also den Stein weg. Jesus aber hob die Augen nach oben und hat gesagt: Vater, ich danke dir, daß du mich erhört hast.

Ich wußte freilich, daß allezeit du mich erhörst, aber der Menge, der Umstehenden, wegen habe ich so gesprochen, damit sie zum Vertrauen gelangen, daß du mich gesandt hast. Und als er das gesprochen, rief er mit mächtiger Stimme: Lazarus, komm heraus. Heraus kam der Verstorbene, gebunden an Füßen und Händen mit Streifen, und sein Gesicht mit einem Schweißtuch umwunden. Sagt ihnen Jesus: Macht ihn los; laßt ihn fortgehen.

Joh 11,1–44

Das 11. Kapitel des Johannesevangeliums versucht auf seine Weise, das Sterben und das Auferstehen Jesu, Karfreitag und Ostern, so zu interpretieren, daß beides mitten in unserem Leben geschieht und daß diese Ereignisse und Erlebnisse in unserem Dasein zu einem Weg werden, um zu begreifen, was sich auf Golgota zugetragen hat.

Vielleicht hat unter den gläubigen Dichtern des Abendlandes einzig der Russe Fjodor M. Dostojewski das Johannesevangelium traumnah und kongenial genug verstanden, um davon wie selbstverständlich zu gerade dieser Stelle geleitet zu werden. Für gewöhnlich erschöpft sich die Verkündigung

Gottes und des Glaubens an Gott mehr oder minder darin, bestimmte Zustände der Welt feierlich ins Unendliche zu setzen. Von alters her existieren Bemühungen, Gott aus der Ordnung, aus der Zielgerichtetheit und aus der Schönheit der Welt zu beweisen. Alles ringsum, so betrachtet, spricht ungebrochen, vertrauenswürdig und solide von Gott als dem Schöpfer. Wer indessen das Johannesevangelium von der ersten Zeile an ernst nehmen will, wird spüren, daß die Menschen, zu denen der vierte Evangelist redet, all das nicht glauben können; sie vertragen das, was wir „Schöpfung" nennen, überhaupt nur, wenn sie, wie erwachend aus einem Alptraum, sich sehen dürfen mit und unter den Augen des Mannes aus Nazaret. Er einzig gilt dem Johannesevangelium für das Licht, für das Leben, für das Brot, für den Wein...

Die Geschichte von der Auferweckung des Lazarus beginnt mit dem Äußersten, was Menschen zugemutet werden kann: mit dem Tod. Da ist in Betanien, nahe bei Jerusalem, ein Geschwisterpaar, Maria und Marta, und ihr Bruder Lazarus. Offensichtlich setzt das Johannesevangelium an dieser Stelle eine Legende als bekannt voraus, die uns im 7. Kapitel des Lukasevangeliums erzählt wird, die aber bei Johannes selber nicht mehr aufgegriffen wird. Es kam damals, berichtet uns Lukas, eine Frau zu Jesus, gerade als er im Kreise der Pharisäer zu Tisch lag. Diese Frau aber war eine stadtbekannte Hure. Das Johannesevangelium spricht von diesem Hintergrund gar nicht, und doch verdient er, in Erinnerung gerufen zu werden, denn es ist ein tiefsinniger, vorweggenommener Kommentar auf eine bestimmte Art, mitten im Leben zu sterben und mitten darinnen das Leben noch einmal neu zu lernen. –

In jener „Dirne" im Lukasevangelium sollten wir uns eine Frau denken, die ihr Leben wegwirft, indem sie es anderen zu Füßen legt; es ist ihre einzige Art zu überleben, daß sie sich an die Schande gewöhnt, daß sie jeden Stolz verliert und es hinzunehmen lernt, die Doppelmoral der „guten Gesellschaft" am eigenen Leibe zu bedienen; Tag um Tag erfährt sie den Haß der moralisch Gesonnenen auf sich selbst, erlebt sie die Ohnmacht von Männern gegenüber ihren eigenen Trieben. Was ist gut, was ist böse in dieser Welt? Es gibt kaum ein zweites derart sprechendes Symbol für die Entehrung eines Menschen und für seine Ausgeliefertheit als diesen vollkommenen Außenseiter-Status einer Dirnenexistenz. Für diese Frau im Lukasevangelium gibt es keinen Rückweg mehr. Sie müßte nach den damals gültigen Regeln der Rabbinen ihr ganzes Leben ändern, und das vermag sie nicht. Ihre Vergangenheit klebt an ihr wie Pech, das sich nicht mehr abwaschen läßt; alle anderen haben sie längst auf ihre Rolle festgeschrieben; man braucht sie und man mißbraucht sie, und man will sie gar nicht anders mehr denn so. Selbst wer an ihr vorübergeht, bestätigt sich noch in gewissem Sinne seine eigene moralische Festigkeit, – er braucht sie, selbst wenn er sich nicht mit ihr einläßt, als Konterfei seines eigenen Stolzes und Rechtverhaltens. – Man muß sich ausmalen, was in der Seele einer Frau vor sich geht, die hört, daß Jesus in ihr Dorf kommt, und die sogleich beschließt, zu ihm zu gehen, – an den Pharisäern vorbei, egal, wer bei ihm ist, wenn sie nur zu ihm gelangen kann! Und sie wird Salböl nehmen, um sein Haupt zu salben wie das Haupt eines Königs. Denn er wird sie nicht verurteilen, er wird sie verstehen, er wird zu ihr stehen; – er ist der einzige, von dem sie so denken kann. So ihre

Hoffnung. Doch kaum betritt sie den Raum und sieht den Kreis der Frommen um Jesus, da bricht es aus ihr heraus: alle Verzweiflung, alle Haltlosigkeit, alles Weinen. Sie wirft sich vor Jesus zu Boden und trocknet ihm die tränenbenetzten Füße mit ihren Haaren. Dieses Detail greift Johannes hier auf, und wir müßten denken, Maria in Betanien sei gerade diejenige, über welche Jesus die Worte gesprochen hätte: Ihre vielen Sünden hat Gott ihr vergeben, denn sie hat viel geliebt. (Lk 7,47) Die Erzählung bei Lukas liest sich als Vorbild, wie jemand aus einem Leben, das keines ist, aus Tod und Ausweglosigkeit, hinfindet zu dem Glauben an eine Liebe, die schenkt statt zu schänden, an eine Gemeinsamkeit, die erhebt statt niederzutreten, an ein Vertrauen, das trägt statt zu trügen.

Tatsächlich aber ist das Schwesternpaar Maria und Marta im Johannesevangelium in die Zeugenschaft einer ganz anderen Erzählung gestellt. Im Lukasevangelium, im 10. Kapitel, treten die beiden Schwestern in (irgend)einem Dorf auf, als Jesus bei ihnen zu Gast ist; doch während Marta den Herrn bewirtet, setzt sich Maria zu seinen Füßen, um ihm zuzuhören. Sie hat, meint Jesus, den besten Teil erwählt und gilt seither als Verkörperung der kontemplativen Lebensführung im Kontrast zu dem aktiven Tun, das in Marta personifiziert ist. Die Polarität von Aktiv und Passiv, von Extraversion und Introversion durchzieht auch das Johannesevangelium; hier aber geht es um die Einstellung gegenüber dem Tod. Lazarus nämlich ist krank, und man versteht von Anfang an, daß diese Krankheit, die tödlich ist und in den Augen Jesu doch nicht zum Tode sein soll, eine Krankheit mehr der Seele denn des Körpers darstellt. Aber zwischen diesen beiden Ebenen, zwischen innen und außen, changiert dieser Text immer wieder, irreführend und klärend, verwirrend und leitend.

Was tun wir, wenn der liebste Mensch an unserer Seite heimgesucht werden kann durch die Vorboten des Todes, durch Krankheit und Zerbrechlichkeit, – durch Sterblichkeit in jeder Form? Es ist ein Problem, das sich den Menschen am Krankenbett tagaus, tagein stellt, und einem jeden, der einen anderen liebt, mehr oder minder desgleichen. All das, was wir tun, ist so überaus hinfällig, und wir selber werden letztlich dagegen überhaupt nichts machen können. Ein Arzt kann sich bemühen, um das Leben einer Frau mit drei Kindern zu kämpfen, um das Leben eines Mannes, der für seine Angehörigen verantwortlich ist, – aber ob es diesem Arzt mit den Möglichkeiten, die heute bestehen, gelingen wird, ein Leben zu retten, wer weiß das? Am Ende warten wir alle, wie ein Schicksal, das wir nicht in der Hand haben, sich entscheidet. Aber um so wichtiger wird die Frage hier: was tut Gott? wo bleibt Gott? Und es sind furchtbare Stunden, zwei furchtbare Tage, in denen der Himmel gewissermaßen wie verschlossen sich wölbt über diese beiden Menschen: über Maria und Marta.

Unbegreifbar in dieser Geschichte mutet es zunächst an, daß Jesus, anstatt unverzüglich an das Krankenlager seines eigenen Freundes zu eilen, wartet und wartet und gar nichts tut, wie um die Not bis zum äußersten zu treiben, um gerade im Negativen, im Abgrund, erscheinen zu lassen, was er nennt „die Verherrlichung Gottes", wie um zu erweisen, daß er, der Gesandte, der Sohn Gottes, das Leben selber ist. Da haben wir sie wieder – diese unerbittliche johanneische Klärung: alles wegzulassen, was wir sonst „Leben" nennen würden.

Wir kennen solche Phasen des Zögerns im Umgang miteinander oft genug. Womöglich finden wir unseren eigenen Freund, unsere eigene Freundin in einer schweren Krise; wir möchten helfen, natürlich, doch wir begreifen zugleich, daß überhaupt nichts auszurichten ist. Alles Äußere wäre jetzt nichts weiter als eine Ablenkung. Irgendeine Maßnahme zu erfinden und dem anderen zu sagen: „Du mußt jetzt aber dies tun oder das tun, und wenn du das nicht tust, dann kannst du nicht gesund werden", all das erwiese sich als völlig sinnlos. Wenn jetzt etwas zu machen ist, dann muß es sich ganz von innen her ereignen.

Unsere Seele verhält sich in diesem Punkte nicht viel anders als unser Körper, beide wissen im Grunde, was ihnen guttut, und sie organisieren sich selbst. Schlaf ist eigentlich nichts anderes als der Versuch, es dem Körper und der Seele selbst zu überlassen, sich zu beschaffen, was ihnen nach Entkräftung, nach Schwäche, nach Krankheit effektiv hilft. Herr, wenn er sich zur Ruhe gelegt hat, sagen die Jünger zu Jesus, wird er gerettet werden. Es tut ihm selber gut. Aber der Schlaf ist zugleich in einem alten mythischen Bild der Bruder des Todes. Es ist erschütternd, sich rein kreatürlich klarzumachen, so seien wir alle in dieser Welt: in Abständen von spätestens sechzehn Stunden müssen wir schlafen, und alle werden wir es tun. Menschen können untereinander so verschieden sein. Oft haben sie so viel Angst voreinander, denn sie halten den einen für kriminell und gefährlich, den anderen für bösartig und hinterhältig, einen dritten wieder für hilfreich und brauchbar – und all diese Kategorien trennen die Menschen so weit voneinander. Träfen wir indessen jemanden, den womöglich die Polizei schon steckbrieflich suchte, nur einmal schlafend an, wehrlos wie ein Kind, unschuldig wie ein Kind, so würden wir plötzlich jenseits all der moralischen und juristischen Wertungen einer Gemeinsamkeit des Fühlens und Empfindens zurückgegeben, die uns sagt, was es heißt, Kreatur zu sein, abhängig zu sein, hilfsbedürftig zu sein, erschöpft zu sein, – Mensch zu sein.

Seit Urzeiten hat man geglaubt, der Tod sei im Grunde nichts weiter als ein solches Einschlafen im Entschlafen, das sich von selbst fortsetze in einem gestärkten Sich-Erheben; aber genau das ist es, was der johanneische Jesus nicht sagen will. Es geht ihm nicht um einen einfachen Naturablauf, es geht ihm um eine bittere Korrektur des mythischen Trostes. Der Tod ist kein Schlaf. Der französische Existentialist *Albert Camus* im *Mythos von Sisyphos* konnte die Illusion vom Tod als Schlaf mit ein paar Zeilen hinwegfegen, – all die frommen Wünsche, die sich um das kalte Faktum ranken, daß ein Mensch stirbt; „der Tod ist so endgültig", meinte er, „daß nicht einmal die Ohrfeige auf dem Gesicht eines Verstorbenen noch irgendeine Spur hinterläßt. Darauf gilt es zu antworten – nicht ob die Welt sich zerlegt in zwölf oder in vierzehn Kategorien, sondern was man sagt gegenüber dem Tod, gegenüber der blutigen Mathematik über unseren Häuptern".

Jesus hingegen erklärt an dieser Stelle: „doch gehe ich hin, um ihn vom Schlaf zu erwecken". Es geht um die Widerlegung einer bestimmten Weltsicht, die rein resignativ und um so verzweifelter dem Tod gegenübersteht, als sie am liebsten die Augen verschließen möchte und sich nur noch bleischwer und müde fühlt. Selbst wenn sie heroisch gegen die Zumutung des irdischen Daseins ankämpfen mag, – im Grunde verschleißt sie sich selbst. Aufwecken hingegen – das ist soviel, wie es schon in der Heilung des Blindgeborenen bei Johannes im 9. Kapitel anklang: es gilt, etwas zu sehen, das über diese „Welt" weit hinausreicht.

Der Grund dafür ist nicht schwer zu beschreiben: Wenn wir uns auf die Verzweiflung eines Menschen wirklich einlassen wollen, so dürfen wir selbst keine Angst haben. Der johanneische Kommentar an dieser Stelle läuft in eben diese Richtung. „Du willst", fragen die Jünger, „nach Judäa gehen, wo doch gerade die Juden dich zu steinigen suchten?" Und Jesus erklärt: „Genau das. Sind nicht zwölf Stunden ein Tag? Wenn jemand am Tag umhergeht, stößt er nicht an, denn er sieht das Licht dieser Welt. Der Tag hat nur zwölf Stunden, und man muß handeln, solange das Licht leuchtet, es gibt keinen Aufschub." Plötzlich spüren wir, was „Aufwecken" bedeutet: Es soll keine Irritation mehr durch die Angst vor dem Tod geben, vor allem nicht vor dem Tod, der sich in anderen Menschen verkörpert. Was können sie uns denn tun? – Sie können unser Leben scheinbar entwerten, sie können es so ins gar Nichts stoßen, so sehr ins Vergessen hineindrücken, daß wir am Ende selber nicht mehr wissen, wer wir sind. Wir flüchten dann ins Dunkel, wir schleichen uns wie unentdeckt durchs Leben, wir suchen wie lichtscheue Nachttiere den Schatten. Am Ende, meint der johanneische Jesus, haben wir kein Licht mehr bei uns. Es geht selbstredend dabei nicht um die Beleuchtungsverhältnisse bei Tag oder Nacht, es geht um unsere Lebenseinstellung. Man kann einen Menschen nur aufwecken, wenn man selber durchflutet ist von Angstfreiheit, von Zugehörigkeit zum Tag, von „Licht": von dem Glauben an das „Licht". Thomas begreift den Zusammenhang an dieser Stelle sehr deutlich, wenn er sagt: „Laßt auch uns gehen, um zu sterben mit ihm." Der Entschluß gilt, daß keine Gefahr mehr nötigen soll, vor dem Äußersten zurückzuweichen. Und diese Entschlossenheit ist der Anfang, gewissermaßen die therapeutische Voraussetzung, um dem standzuhalten, was sich in Betanien begeben wird.

Dort, in der Ferne, warten die zwei Schwestern, Maria und Marta. Es müssen zwei sein, weil alles, was hier geschieht, wie gebrochen erlebt wird, ganz so, wie wir es später im 20. Kapitel des Johannesevangeliums noch einmal von den Jüngern erzählt bekommen werden; da sind es zwei Männer, der „Lieblingsjünger" und Petrus, die zum Grab eilen und beide von verschiedenen Seiten her Zeugnis ablegen sollen für ein und dieselbe Erfahrung; es ist die schon erwähnte lukanische Polarität der zwei gegensätzlichen, doch komplementären Einstellungen unserer Psyche.

Da hört als erste Marta, Jesus sei gekommen, und sie geht ihm entgegen, voller Schmerz, voller Kummer, mit einer Klage auf den Lippen, die ihren Glauben ebenso verrät wie ihre Verzweiflung: Herr, wenn du hier gewesen, – nicht wäre mein Bruder gestorben. Schon daß so etwas sein kann, ist empörend, – dieses unglaubliche Zu-Spät! Ein Mensch sucht die Nähe eines anderen, doch dieser versäumt es, innerhalb der erforderlichen Frist zu erscheinen. Man traut ihm zu, er hätte das endgültige Nein vielleicht noch aufhalten und umformen können, aber er war im entscheidenden Augenblick nicht zugegen. Doch was Marta zu diesem Zeitpunkt nicht weiß, ist die Ungeheuerlichkeit, daß Jesus beim Tode des Lazarus gar nicht zugegen sein wollte, um keinen falschen Trost zu spenden.

So geschieht es ja in all der Zeit: die „Juden" („die Menschen, die Gott religiös verwalten", müssen wir diese Chiffre immer wieder übersetzen) sitzen in großer Schar bei den beiden Geschwistern und spenden „Zuspruch". Das ist soviel, wie es das Fernsehen regelmäßig vermeldet, wenn in höheren Kreisen irgend etwas Entsetzliches geschehen ist; dann wird ein Kardinal oder ein Bischof die trauernde Witwe besuchen und ihr „Trost zusprechen", und es wird mit sonorem Baß der Nachrichtensprecher diese Meldung auch so verkünden. Solche Art von „Zuspruch" ist für Jesus geradewegs das Anstößige, das Benebelnde, – das Ästhetische, hätte *Kierkegaard* gesagt. Es gilt, klar zu sehen: der Tod ist der Tod. Aber wie hält man ihm stand?

Der „Zuspruch", wie er für gewöhnlich ausfällt, ist bekannt: „Es wird wieder einen Frühling geben; der Winter geht vorbei; man muß an etwas glauben, und vielleicht: – wer weiß, wofür es gut war, und daß es auch jetzt kam, und die Zeit heilt alle Wunden…" – wem aber nützt denn all das, wenn er Bilanz zieht? Von dieser Rederei will Jesus nichts hören, sie regt ihn auf, und damit wir ganz klar sehen, damit die Helligkeit uns wirklich erreicht, läßt er zwei Tage lang im Garnichts-Tun dahindämmern.

Auferstehen wird dein Bruder, sagt Jesus zu Marta; sie aber antwortet, wie sie es gelernt hat: Ich weiß, daß er auferstehen wird bei der Auferstehung am Letzten Tage. Das ist das Bekenntnis, das jedem Kind in den biblischen Religionen beigebracht wird; aber was ist das für ein Glaube, der, wie es die Samariterin am Jakobsbrunnen im 4. Kapitel des Johannes schilderte, das Leben sehr, sehr weit entfernt erwartet, ohne Rückwirkung auf die Art zu fühlen, auf die Weise zu denken, auf die Fähigkeit, im Augenblick zu leben? An dieser Stelle spricht Jesus es ganz klar aus: Ich bin die Auferstehung und das (unvergängliche) Leben. Wer auf mich vertraut, selbst wenn er stirbt, wird er leben. Wenn wir uns fragen, wie denn diese paradoxe Aussage zu verstehen sei, es gebe gar keinen Tod für den, der wirklich glaube, so müssen wir sagen: „Es gilt, eine Entdeckung zu machen: Das, was wir sind, kann und wird uns niemand rauben; das, was wir richtig vor uns sehen, läßt sich von außen nicht zerstören; es gilt einfach in sich. Das ewige Leben kommt nicht, es wartet nicht bis nach dem Leben, es ist jetzt." Das ist das ganze Johannesevangelium: das Aufwachen jetzt, das Hinübergehen durch die Todesangst, durch die Todesschranke jetzt.

Das Johannesevangelium meint, Jesus sei ein zum Kristall gewordenes Leuchten Gottes unter uns Menschen; so habe er es gemacht, und wenn es irgendeinen Grund für uns gebe, richtig zu leben, dann sei er es – eine gestaltgewordene Aufforderung, fast bis zum Sinnlosen etwas zu tun außerhalb der gewohnten Ordnung. Da wird nicht auf ein Jenseits gehofft, sondern diese jenseitige Welt bricht in die uns vertrauten Zusammenhänge ein, und sie zeigt, daß Menschen auf sich selbst zurückkommen können, wie vom Himmel auf die Erde. Das ist der Sinn des alten mythischen Bildes von dem Menschensohn, der vom Himmel zu uns gesandt wird; – es geht um die Frage, wie wir selbst uns verstehen: als bloße Kreaturen dieses unseres Planeten – dann hat der Tod das letzte Wort über uns, oder ob wir unser irdisches Leben aufzunehmen versuchen wie vom Himmel her gesprochen, als etwas Absolutes, Gültiges, Wahres. So ist Jesus, dieser wie von fremd in die Totenkammer unseres Lebens Gesandte.

Alles Weitere geht dann scheinbar sehr schnell. Da hört zum zweiten auch Maria, Jesus sei gekommen, und schnell steht sie auf, ihm entgegenzugehen. Sie provoziert dabei ein Mißverständnis in der Versammlung der Trauergäste. Wohin soll ein Mensch in seiner Verzweiflung sich wenden außer zum Grab? Und so bildet sich die Prozession dorthin – zum Grab, denn etwas anderes wird und kann es vermeintlich nicht geben. Es ist, daß der johanneische Jesus an dieser Stelle vor Entsetzen förmlich aufschreit: Wenn der letzte Rest von Menschlichkeit im Grunde in nichts Weiterem bestehen soll als in einem nicht endenden Gräberdienst, als in einem unablässigen Kränzewinden für den Nachruf, als in einer florierenden Bestattungsindustrie, die wir dann vor Ort je nach Preisvorstellung in Dienst nehmen, um das „Ableben" des „Verblichenen" zu inszenieren, – wann werden Menschen dann begreifen lernen, was ihr wahres Leben ist? Wieviel Lüge eigentlich verträgt ein Mensch, ehe er anfängt, klar zu sehen? – Das ist auch die Not *Dostojewskis*, schmerzhaft und bohrend, auf der Suche nach wirklichem Leben.

So versteht man die Empörung des johanneischen Jesus hier. Er will die konventionelle Beruhigung nicht hören, er möchte, daß die Menschen zu dem Punkt kommen, der hier heißt: Lazarus liegt an Händen und Füßen umwickelt und seinen Kopf mit einem Schweißtuch bedeckt im Grab, und dieses Grab ist eine große Höhle, und vor dieser Höhle liegt ein Stein. Auf diese Weise ist das Bild der menschlichen Sterbe-Existenz komplett; alle Umstehenden werden am Ende sagen: „So muß es bleiben; er stinkt uns; ihn da herauszuholen wäre eine einzige Zumutung; also belassen wir's beim Klagen, beim Beklagen, beim rituellen ‚Zuspruch'." Wann aber kommt man dahin, einen Menschen persönlich zu meinen, statt lediglich die gruppendynamischen Prozesse der „Trauergemeinde" zu pflegen? Hier nun befiehlt Jesus! Während sie den Stein vom Grab heben, erhebt er seine Augen und sagt: „Was jetzt geschieht, ist im Grunde das, was du, Gott, immer tust, nur jetzt sollen sie es sehen, und du machst es so, daß sie es wahrnehmen müssen; nur deshalb lassen wir uns jetzt darauf ein." Und mit mächtiger Stimme ruft er: Lazarus, komm heraus! All die Umstehenden sollen den „Toten" gehen lassen, in sein eigenes Leben; alle Binden sollen sie lösen.

Ehe wir versuchen, mit Dostojewskischen Augen diesen Text noch einmal zu lesen, müssen wir uns vor allem die Folgen dieses Ereignisses vor Augen stellen; dann verstehen wir sofort, was gemeint ist. Es gibt einige, heißt es, die gelangten zum Vertrauen auf ihn, und wir müßten mit Johannes sagen: sie ergreifen ihr Leben und erkennen, wozu es gut ist. Aber die anderen werden nichts weiter auf den Lippen tragen als das übliche Gerede: „Da ist etwas geschehen! da ist wirklich etwas ganz Großartiges geschehen! da gilt es, die Neugier zu befriedigen!" Sie also wenden sich an die Pharisäer; doch der ganze Volksauflauf wird zu nichts weiter führen als zu politischen Unannehmlichkeiten und taktischen Spielereien. Es geht diesen Leuten nicht um Menschen, dessen muß man sich als Leser bewußt sein, weder auf seiten der Religionsverwalter noch auf seiten der Machtpolitiker, es geht darum, daß man Ruhe hält, und ein Mensch, der wirklich zu leben beginnt, ist ihnen unheimlich. Noch gefährlicher natürlich ist derjenige, der einen anderen Menschen lebendig macht. Gegen beide muß man vorgehen. Man wird sich also den Lazarus vornehmen und ihn vernehmen; für Jesus aber wird gelten, daß jeder, der weiß, wo er sich aufhält, ihn anzuzeigen hat, mit dem Ziel, ihn hinrichten zu lassen; das steht ab sofort fest. Da sieht man ganz klar, was Johannes mit „Sterben" und „Tod" meint: inmitten der gewöhnlichen Ordnung, inmitten der normalen Welt leben wir wie in einem Leichenschauhaus. Alles, was sie oder wir selber uns vormachen, darf in Wirklichkeit überhaupt nicht gelten, wenn wir aus dem „Grab" heraus zum Leben kommen wollen.

Vielleicht, um das Nachdenken ein bißchen zu fördern, können wir ein paar Stichproben machen, wie wir denn heute leben und inwiefern die „Diagnose" des Johannesevangeliums auf die „Tödlichkeit" unseres Daseins immer noch gilt.

Alle paar Monate, spätestens im Herbst, hören wir, daß irgendwo in der Nordsee, vor Alaska, in der Biscaya oder am Kap der Guten Hoffnung ein Tanker auf Grund läuft, just vor irgendeinem Naturschutzgebiet womöglich. Mit etwa 500 000 toten Vögeln rechnete man zum Beispiel im Jahr 1996 vor den Küsten von Wales, eine gleiche Zahl erwartete man im Jahr 2003 an den Stränden Galiciens. Von keinem einzigen Politiker in Gesamteuropa indessen hört man, daß er sofort irgend etwas täte gegen das Verschiffen riesiger Ölladungen im Auftrag sogenannter Billigflaggenländer. Das geht nun seit über vierzig Jahren so; es fügt der Natur unglaublichen Schaden zu, doch von Fall zu Fall gibt es nichts weiter als das Bedauern am Ort und die übliche Heuchelei vor Ort, – man wird mit den größten Anstrengungen von Naturschützern am Ende wirklich fünfzig oder vielleicht auch fünfhundert Seevögel gerettet haben. All die Leute, die sich da engagieren, geben ihr Bestes, aber niemand von denen, die in Politik und Wirtschaft Verantwortung tragen, unternimmt irgend etwas gegen die Erdöllobby selber, allenfalls gegen die Reeder, die man in einen absurden Konkurrenzkampf treibt; ihnen macht man im Jahr 2003 immerhin eine doppelte Schiffswand ihrer Tanker zur Auflage! Sagen wir es deutlich: Wir haben es mit einer Form von struktureller Umweltkriminalität zu tun, ausgeübt von den Großmilliardären der sechs erdölproduzierenden Firmen; diese sind international tätig, und kein Staat der Welt hat scheinbar irgendeine Möglichkeit, ihnen das Handwerk zu legen. Und schauen wir im einzelnen nach, warum das so ist, so liegt es auf der Hand: Wer zum Beispiel Präsident der Vereinigten Staaten werden will, kann gar nicht anders, als mehrere hundert Millionen Dollar in seinen Wahlkampf zu pumpen; er wird solche Summen aber nur aufbringen entweder mit Hilfe der Erdöl- oder der Rüstungsindustrie; eine von beiden muß ihn bedienen, oder er wird niemals Präsident werden. Kann er aber, wenn es so steht, dann später als Staatsoberhaupt einem dieser Geldgeber ernsthaft widersprechen? Realistisch gesehen ist er nichts weiter als die Marionette des Geldes. Doch das ist nur eine der Totenkammern der Weltgeschichte.

Was es bedeutet, zu sagen: Lazarus, komm heraus!, hat wohl niemand deutlicher geschildert als eben *Fjodor M. Dostojewski*. Einen ganzen Roman hat er diesem Thema gewidmet. *Schuld und Sühne* ist die Schilderung eines jungen Mannes, eines Studenten, Rodion Raskolnikow, sensibel, intelligent, reflektierend, der sich umschaut und findet, daß die Welt, daß das Leben unerträglich ist. Parallel zu diesem Roman hat *Dostojewski* den Menschen im Kellerloch geschildert, jemanden, der in Selbsthaß dumpf vor sich hinbrütet; er verschimmelt bei lebendigem Leibe, – das ist das Gefühl, das er von sich hat. Was diese kleine Novelle *Aufzeichnungen aus dem Kellerloch* erzählt, ist im Grunde gerade so ein Dasein im „Grab", weil da ein Mensch ohne Aussicht und ohne Ausweg nur noch fixiert ist auf Frustration, Isolation und Destruktion. – Gemessen daran, wirkt es fast wie ein Aufbruch ins Leben, wenn Rodion Raskolnikow aus seinem „Kellerloch" „aufsteht". Genau gesprochen, bewohnt er eine kleine Kammer, stickig und dumpf in den Sommertagen. Er leidet unter der Armut seiner Eltern. Er muß miterleben, wie seine eigene Schwester Dunja sich verkauft, um eine gute Partie zu machen und den wirtschaftlichen Ruin der Familie aufzuhalten. – Was ist das für eine Welt, in der Menschen, kaum zwanzigjährig, sich „vermarkten" müssen? Was ist die bürgerliche Ehe oft anderes als eine legal kaschierte Prostitution? Wenn allein die Tatsache, über nicht genügend Geld zu verfügen, einen Menschen lebenslänglich entwürdigen kann, was heißt dann Leben? Rodion Raskolnikow weiß, daß er mit seinem Studium Möglichkeiten hätte, sich in der Gesellschaft nützlich zu machen, aber was sind denn das für Gesetze, die er da lernt? Sind sie nicht lediglich das Diktat der Mächtigen? Immer wieder hämmert es zwischen seinen Schläfen: Die Menschen, die in der menschlichen Geschichte groß wurden, waren das nicht lauter Leute, die es gewagt haben, Grenzen zu überschreiten und die vorgegebenen Regeln einfach zu zerbrechen? „Groß" war Napoleon im Jahre 1812. Da bricht ein Mann auf, um ganz Europa umzuwälzen und neu zu gestalten, und eine Schlacht folgt der anderen, in Italien, in Deutschland, in Rußland. Er bringt Tausende, Hunderttausende von Menschen um. Und was wird die Folge sein? Er wird in die Geschichtsbücher eingehen als unbeschreiblich groß, eben als: Napoleon. Doch worin eigentlich war er groß? Daß er die Kanonen grausamer justieren konnte als seine Gegner, daß er den Überraschungsvorteil skrupelloser, also erfolgreicher zu nutzen verstand? Wenn jemand einfach ohne Warnung in ein Nachbarland einbricht und darin plündert, raubt und mordet, wird man ihn einen Verbrecher nennen? Ganz im Gegenteil: Groß wird man ihn nennen! Zu seinem Unglück freilich traf der große Napoleon auf einen General wie Kotussow, der genau begriff, daß eine offene Feldschlacht keinen Zweck hatte; er wich vor Napoleons Truppen zurück und zurück, er ließ Dorf um Dorf verbrennen, er ließ sogar Moskau zerstören, er tat scheinbar gar nichts, bis Napoleon in der Winterkälte keine Fourage mehr besaß und keinen Nachschub mehr bekam und sich hungernd und frierend zurückziehen mußte. Dann aber aus dem Hinterhalt überfiel er ihn, und beim Übergang über die Beresina vernichtete er den Rest der ehemals großen Streitmacht. Was aber wird ein Napoleon tun, wenn er eine ganze Armee verloren hat? Er wird ein Champagnerglas erheben und einen Toast ausbringen. Und er wird ein Großer bleiben, in allen Geschichtsbüchern, auf dem Arc de Triomphe: Groß ist Napoleon!

Wer diesen Zynismus erst einmal begriffen hat, gewinnt der nicht ein Recht zu sagen: „Ich muß die Grenzen überschreiten! Die bürgerliche Moral lähmt und hemmt nur die starken Charaktere!"? Rodion Raskolnikow denkt von sich, daß er im Grunde eine Laus sei, ein Ungeziefer, ein Nichts. Wenn ihn jemand zertrete, werde es keinen Verlust bedeuten, es gebe ohnedies zu viele Läuse unter den Menschen. Ein solches Selbstgefühl ist der „Tod" dieses jungen Studenten, und es wirkt tödlich nach außen. Denn so fragt er sich: „Wer eigentlich lebt wirklich? – Nur jemand, der zeigt, daß er stark genug ist, über Leichen zu gehen, der wird als Mensch sich bewähren." Genieträume dieser Art phantasieren sich im Kopf des jungen Mannes zusammen. „Ein Verbrechen ist doch nichts weiter, als daß neue selbstgemachte Gesetze an die Stelle der schwächlichen, der veralteten, der fremdbestimmten Satzungen treten." Rodion Raskolnikow wird, zur Probe seiner Kraft, schließlich mit fiebrigen, zitternden Nerven zwei alte Frauen ermorden, die Pfandleiherin Aljona aus Haß und Lisawjeta, ihre Schwester, weil sie zufällig anwesend ist. – Der Untersuchungsrichter Porfirij Petrowitsch indessen findet, daß dies eine Tat sei – so sinnlos, daß sie nur von einem „modernen" Gemüt begangen worden sein könne. Ein solches Verbrechen sei nicht im Blutandrang, aus der Leidenschaft des Herzens geboren worden, sondern es müsse erdacht worden sein wie von einem Schwindelnden hoch auf einem Turm. Porfirij begreift, daß man diesen Täter nicht mit Indizien überführen kann, denn selbst wenn man es versuchte, es hätte keinen Zweck. Man würde lediglich jemanden einsperren, doch ohne innere Einsicht in die Schwere seiner Schuld. Dabei fühlt Raskolnikow sehr wohl, wie es um ihn steht. Noch vor seiner Bluttat hatte er einen Traum, wie vor seinen Augen ein Pferd erschlagen wird, und er, ein kleiner Junge noch, fleht zu seinem Vater: „Vater, sie erschlagen das Pferd!" Doch sein Verstand sagt ihm, ein Mensch, der Mitleid habe, werde nie ein großer Mensch werden; daher müsse man als erstes in sich selber alle weichen Gefühle beseitigen; man müsse sich selber abtöten, um töten zu können, um groß zu werden.

Zur selben Zeit wächst in der Familie des Alkoholikers Marmeladow ein junges Mädchen, Sonja, heran. Deren Stiefmutter Katerina rauft sich die Haare vor Not und Verzweiflung; sie ist schwer lungenkrank, sie weiß ihre Kinder nicht zu versorgen, und sie zwingt Sonja, auf die Straße zu gehen und sich zu verkaufen. Raskolnikow hat den alten Marmeladow noch vor der Tat als Säufer in einer Kaschemme kennengelernt, und als dieser von einer Droschke überfahren wird, gibt er der Familie von dem geraubten Geld, was noch übrig ist. So trifft er Sonja eines Tages in ihrer Kammer an und findet bei ihr eine Bibel, in der sie von Zeit zu Zeit mit Lisawjeta das Evangelium gelesen hat. „Wovon lebt Sonja eigentlich?" fragt sich Raskolnikow. „All der Schmutz hat sie bis jetzt nicht berührt. Sie ist nie wirklich in den Rinnstein abgeglitten. Aber wovon lebt sie?" Er beginnt mit ihr, gleich einer Katze mit der Maus, ein grausames Spiel. Sie hat nur drei Möglichkeiten, rechnet er sich aus: Ihre Kräfte verschleißen sich, und sie macht selber Schluß, sie nimmt sich das Leben – vielleicht wäre das überhaupt das Vernünftigste. Oder sie wird wahnsinnig wie ihre Mutter schon jetzt, und auch das wäre, so denkt er, eine Form von Erlösung. Oder sie vollführt, was ihr jetzt als „Unzucht" von außen auferlegt ist, eines Tages mit Lust; ihre Seele hält nicht mehr stand, und es dringt in sie ein, sie wird wirklich eine solche, eine richtige Dirne. Nur diese drei Möglichkeiten verbleiben ihr. Doch Sonja wird nichts davon tun. Sie trägt in sich ein Geheimnis, und Raskolnikow will es ihr entreißen. Sie, die Hure, soll ihm, dem Mörder, zwei Verfluchte sie beide, die Geschichte von der Auferweckung des Lazarus vorlesen: „Es lag aber einer krank mit Namen Lazarus von Betanien." „Spricht zu ihm Marta, die

Schwester des Verstorbenen: Herr, er stinkt schon; denn er hat vier Tage gelegen." Mit zerbrechender Stimme, gespannt wie eine zerreißende Geigensaite, liest Sonja diese Geschichte. Und in dieser Nacht wird Raskolnikow aus seinem „Grabe" herauskommen; er wird Sonja erklären, wodurch ihre Freundin Lisawjeta und die alte Aljona umgekommen sind. Bei diesen Worten: „Lazarus, komm heraus!" wird er lernen, sein Verbrechen der einzigen mitzuteilen, die er liebt. Und sie wird ihm sagen: „Was mußt du gelitten haben, Rodion, du mußt niederknien und der ganzen Welt sagen, was du getan hast. Man wird dich verurteilen nach Sibirien, aber ich werde mit dir gehen." In Sibirien werden Alpträume Raskolnikows Seele heimsuchen; ein Heer von Heuschrecken wird er sehen, das sich über ihn hermacht; aber es wird der Anfang eines wirklichen Gefühls, einer wirklichen Gemeinsamkeit sein.

Dostojewskis Tochter, Aimée Dostojewskaja, erzählt in ihrer Biographie (Dostojewski. Geschildert von seiner Tochter), wie ihr Vater starb; was sie schreibt, ist erkennbar eine Art Heiligenlegende, deren Wahrheitswert kaum als historisch anzusehen ist; doch für sich hat diese Darstellung, daß sie das Wesen des russischen Autors ins rechte Licht setzt. Dostojewski soll sich, nach zwei Blutstürzen, die Bibel haben holen und sich und seinen Kindern die Geschichte vom Verlorenen Sohn von seiner Frau habe vorlesen lassen. Dostojewski, als er diesen Text als letzten in seinem Leben hörte, soll den Kindern gesagt haben: „Es kann geschehen, daß ihr zu Verbrechern werdet, daß ihr weit vom Wege abkommt, aber ich, euer Vater, würde euch selbst dann noch verstehen; um wieviel mehr euer Vater im Himmel. Er wird euch begleiten, wohin immer ihr geht. Er versteht alles!"

Dostojewskis Meinung vom Menschen und das Denken des Johannesevangeliums ergänzen und vertiefen sich wechselseitig. Denn eigentlich nur um dieses eine zu zeigen, ist dieses Warten Jesu im Johannesevangelium zwei Tage lang nötig: damit in der Tiefe der Not die Notwendigkeit der Gnade um so spürbarer werde. Wenn es möglich ist bei Gott, den zum „Gestank" gewordenen Lazarus zu retten, dann gibt es keine Hölle mehr, dann gibt es keinen Abgrund mehr, bis wohin uns Christus nicht begleiten würde, – dann ist kein Tod mehr, nur ein Wiedersehen, und es ist jenseits des Weinens ein großer Lobgesang. „Er stieg hinab in die Hölle, um den Verdammten die Erlösung zu bringen", so lehrt es das Glaubensbekenntnis der Kirche; doch was dort als ein Ereignis nach dem Tode Jesu verkündet wird, ist in Wahrheit das ganze Leben Jesu und bildet sogar den Grund seines Sterbens: in unsere Grüfte und Gräber steigt er hinab, um die mit Leichenbinden Umwickelten herauszurufen.

Auferstehung zum Leben

Bei Gott, ja, bei Gott, ich sage euch: Wer mein Wort hört und glaubt dem, der mich ausgesandt, hat unendliches Leben; ins Gericht kommt er nicht, sondern hinübergeschritten ist er vom Tod ins Leben. Bei Gott, ja, bei Gott, ich sage euch: Es kommt die Stunde und jetzt ist sie, da die Toten hören werden die Stimme des Gottessohns, und zum Hören gekommen, werden sie leben. Wie nämlich der Vater Leben in sich selbst hat, so hat er auch dem Sohn gegeben, Leben in sich selber zu haben. Auch Vollmacht hat er ihm gegeben, Gericht zu halten, weil er der Menschensohn ist. Nicht wundert euch darüber; denn es kommt eine Stunde, in der all die Gräberbewohner hören werden auf seine Stimme, und herauskommen werden sie: die Gutes getan, zur Auferstehung des Lebens, die aber Schlechtes verübt, zur Auferstehung des Gerichts.

Joh 5,24–29

Worum geht es hier zwischen Leben und Tod, zwischen Auferstehung und Gericht? Wir müssen die Ausgangsszene dieses ganzen Gesprächs uns einmal vor Augen stellen, um zu begreifen, was Johannes mit „Tod" meint.

Die ersten drei Evangelien verwenden ein ganz bestimmtes, zeitlich geordnetes Schema zur Formulierung menschlicher Hoffnung angesichts des Todes. Danach gilt das Bibelwort: Des Menschen Leben währt siebzig Jahre, und wenn es hoch kommt, achtzig Jahre, und all sein Dasein ist Mühsal und Plage (Ps 90); dann ereilt ihn der Tod, und er tritt ein in das Gericht; das trennt die Menschen voneinander: die einen für die Auferstehung zum Himmel, die anderen für die Auferste-

wie zu den Lehren der verfaßten Kirchen lag und liegt wesentlich darin, daß der Mann aus Nazaret die Rollos vor den Fenstern hochzog und die Sonne ins Innere fluten ließ. Er akzeptierte nicht die Gegengründe der Entmutigung, der Schwäche, der Angst, des Zauderns: jetzt nicht – später vielleicht!

Das allerdings schon zeichnet die Person Jesu als wahren Sohn Gottes aus, daß er sich an die Seite oder auf die Seite Gottes stellte und von ihm her jene wunderbare, zauberhafte Wirklichkeit konzipierte, zu der wir jederzeit zu finden vermöchten. Jesus wollte nicht den langen, schleppenden Weg der endlosen Resignation gehen, sondern er war durchdrungen von einer Hoffnung, die keine Ausreden und Ausflüchte mehr zuläßt. Wenn man wissen möchte, was „Tod" in der Sprache des Johannes bedeutet, dann ist es dies: Gott aus den Augen verloren zu haben und sich nur noch wahrzunehmen unter den angsterfüllten Blicken anderer Menschen beziehungsweise nur noch diese Erde zu kennen mit ihren tausend fallenartigen Bodenlosigkeiten, mit ihren unendlichen Abgründen, mit ihrem ständigen furchteinflüsternden Grauen. Was Tod ist, wird in diesem Zusammenhang gedeutet durch die Szene des Gelähmten am Teich Betesda zu Beginn des 5. Kapitels, jenes Mannes, der 38 Jahre lang wartete, daß ein anderer komme und ihn zur Heilung in das Wasser werfe. „Wann", fragt Jesus indirekt, „sehen Menschen eigentlich Gott vor sich, unmittelbar, ohne die permanente Verzerrung der Angst, die sich immer noch verstärkt durch die Ängste der anderen? Wann finden Menschen sich unverstellt unter den Augen Gottes wieder?" Nur so würden sie zu „Söhnen", würden sie versöhnt mit ihrem Ursprung und mit sich selbst.

Wenn die Bibel von Tod redet, so meint sie nicht das physische Sterben, sondern die Bedeutung, welche die sichere Tatsache des physischen Sterbens für jeden von uns mitten im Leben gewinnen kann. Auf fast brutale Weise schildert, auf den Anfangsseiten der Bibel, das 3. Kapitel der Genesis die menschliche Tragödie. Da fällt nicht eigentlich das Wort „Sünde", doch alles, was die Bibel, vor allem Johannes darunter versteht, beschreibt sich dort in mythischen Bildern. Gezeichnet werden wir dort als Menschen, die aus dem „Garten" der Welt sich vertrieben fühlen. Die Erde, auf der sie stehen, brennt ihnen unter den Füßen. Sie selber wissen um die Unausweichlichkeit ihres Todes, aber sie können damit nicht leben. Alles, was sie machen, ist ein Kampf, um ihr Leben zu verlängern; doch selbst ihr Überlebenskampf hat keinen Sinn. Und am schlimmsten: vor dem Gefühl, mangelhaft zu sein, verlieren sie den Glauben an die Liebe auch nur eines einzigen Menschen an ihrer Seite. Sie beginnen sich zu schämen, sie verhüllen sich, sie weichen einander aus; sie werden immer verborgener, immer verbogener, immer verlogener, und sie sind immer überanstrengt. Das ist der Tod der Seele längst vor dem Sterben des Körpers. Da erhebt sich ein Tag, doch es wird kein Morgen, sondern vor den Augen senkt sich die Zeit wie fallender, rieselnder Staub immer wieder in die Finsternis und verhüllt alles ringsum. Das ist Tod: – jeden Atemzug zu trinken wie das Gift einer fortschreitenden Zerstörung; es macht keinen Sinn, zu leben, und dennoch wird man, gepeinigt von endloser Angst, immer weiter ins Leben getrieben.

Sigmund Freud dachte so. Ausgehend vom Lebensgefühl der Neurotiker, hielt er es am Ende fast für das Lebensgefühl aller. Was die Menschen suchten, meinte er, sei eigentlich die Rückkehr in den Tod, sei das Aufgehen im Anorganischen, sei das Auslöschen all der Plage, all der Last, all der Mühsal; jedoch: beim Suchen, endlich Ruhe zu finden, würden die Menschen nur tiefer ins Dasein hineinverflochten, denn sie hätten auch Angst vor ihrer eigenen Auslöschung, und diese Angst treibe sie zu immer bizarreren Handlungen, zu immer größeren Leistungen und immer schrecklicheren Verbrechen. Ähnlich konnte *Arthur Schopenhauer* sagen, das Lateinische bezeichne das Sterben am besten, indem es „defunctus" dazu sage – abgewirtschaftet, erledigt, abgetan. Im Getto einer solchen Lebensauffassung ist alles, was Menschen machen, tödlich, aber sie halten die Tödlichkeit ihres Daseins am Ende für absolut normal.

Nehmen wir ein Beispiel aus der jüngsten Vergangenheit: Es öffnet ein Politiker seinen Mund, und er wird bis auf wenige Ausnahmen erklären, in der Bundesrepublik Deutschland stelle die Wehrpflicht die Normalität dar, – für den jungen Mann sei es also die „Normalität", das Töten zu lernen. Werbesendungen werden uns Menschen zeigen, wie sie am Boden robben, wie sie mit Präzisionswaffen trainieren, und eine weibliche Stimme wird uns erklären: „Emotionen sind da nicht angesagt." Dann wird man den jungen Mann zum Interview bitten, daß er uns sage, was er fühlt, und „natürlich" wird er sagen: „Wenn es sein muß, werde ich schießen." – Vielleicht muß es ja sein, daß er schießen muß, vielleicht muß es ja in einer Welt der Angst und der Verbrechen alles das geben, was „man" auf dem Kasernenhof lernt, doch daß es normal sei, diese Behauptung läßt jedes Gefühl für die Tragik, für das Grauen, für den Abgrund unserer Existenz vermissen. Da schreitet man über das bloße Nichts mit hohlen Redensarten hinweg, da ist der Tod nichts weiter als eine instrumentalisierte Selbstverständlichkeit, nichts weiter als eine handhabbare Waffe gegen ihn selbst. Inzwischen haben wir Deutsche eine „Friedensarmee" und finden selbst diesen Ausdruck „normal". *George Orwells* 1984 scheint längst übertroffen. In der Sprache des Großen Bruders sind alle Wörter dialektisch und geradezu widersinnig zusammengesetzt wie „hölzerne Eisen"; aber wer merkt das noch?

Mit welchen Augen muß man diese Welt sehen, um sie als tödlich zu begreifen? Der johanneische Jesus nennt unsere scheinbar ganz normale Welt ein Dasein von Gräberbewohnern. Das ist sein wörtlicher Ausdruck: Gräberinsassen. Worauf diese warten, was sie zumindest unbedingt brauchen würden, wäre ein neues, ein ganz anderes Wort, wäre der Klang von etwas, das sie so nie vernommen haben, das aber ihrer tiefsten Sehnsucht recht gibt und ihnen Mut macht, unendlich viel mehr zu glauben, als man ihnen bisher weisgemacht hat. Diese Hoffnung nennt Johannes aus dem Munde seines Jesus: unendliches Leben. Die Form, in der Johannes dieses Wort aufgreift, heißt in der Sprache des antiken Ägyptens ebenso wie in der Sprache des Paulus: Auferstehung. Gemeint ist erneut eine absolute Alternative der Existenz: Entweder man ergreift diese neue Chance, man läßt sich ein auf diese Umprägung von allem durch eine neu gewonnene Festigkeit des Vertrauens, der Liebe, der Unmittelbarkeit zu Gott, dann entsteht eine Wirklichkeit, die als „das Gute wirken" später beschrieben wird, – oder man ergreift sie nicht, man läßt sich nicht darauf ein, dann wird alles beim alten bleiben.

Wie lebt man richtig in diesen Visionen? Was heißt da Gericht? Es meint im Grunde doch nur: Richtig lebt, wer selbst durch den Schrecken, den der Tod über sein Dasein wirft, sich nicht irritieren läßt. Auch Vollmacht hat er ihm gegeben, Gericht zu halten – weil er der Menschensohn ist. Das soll heißen: der einzig gültige Maßstab für ein richtiges Leben ist die gestaltgewordene Menschlichkeit selbst. Alles, was du so tust, daß es menschlich stimmt, daß es aufrichtet, daß es einem Gelähmten Mut macht, in sein Leben zu treten, alles, was von der Art ist, daß es intensiver leben, leidenschaftlicher lieben und glühender hoffen läßt, wird selbst vom Tod nicht zu widerlegen sein.

Da hebt sich die Grenze zwischen Diesseits und Jenseits, zwischen Erde und Himmel, zwischen Menschlichem und Göttlichem schlechterdings auf, und das zu spüren ist die Auferstehung vom Tod zum Leben jetzt schon. Es läuft hinaus auf ein großes Einverständnis, zu sein, auf der Erde beginnend und doch hinüberweisend in jene andere Welt, die hineinragt in diese. Da spüren wir ein unendliches Leben, ein nie vergängliches, eines, von dem wir nur wünschen können, daß es auf ewig so weitergehe, und dieses Empfinden ist die Gabe, die Jesus auf die Welt bringen wollte. Jedes Verbrechen, jede Mißhandlung, alles Schreckliche und Unmenschliche, das Menschen einander antun können, hat im letzten darin seinen Grund: daß es den Tod gibt und daß er erlebt wird im Status restloser Liebesentbehrung und Gnadenlosigkeit, als ein Weggeworfenwerden und Verurteiltwerden, als ein Beseitigtwerden wie für die Abfallgrube. Aber auch umgekehrt: unendliches Leben zu spüren, das bedeutet, daß sich die Liebe erweitert in Ringen, die sich öffnen und schließen und wieder neue Formen gewinnen und die bis ins Unabsehbare ihre Kreise ziehen, aufwachsend wie eine Blume zur Sonne, wie ein Baum zum Himmel.

Bleibt noch zu fragen: Was ist das Gericht? In der jüdischen Apokalyptik bedeutete es die Entscheidung zwischen Himmel und Hölle. Leben war da identisch mit dem Aufgenommensein bei Gott, die Hölle aber galt als ein ewiges Verstoßensein. Hören wir die Worte bei Johannes an dieser Stelle genau, so unterscheidet er eine Auferstehung des Lebens bei denen, die Gutes getan haben, will sagen, die in ihrer Menschlichkeit sich gefunden haben, indem sie Gott in ihr Herz schlossen, und eine Auferstehung des Gerichts. Das griechische Wort dafür ist „krisis" – Krise. Der Begriff bezeichnet nicht die Hölle, sondern er läßt ein weites Feld der Interpretation offen. Man kann sagen: Die Menschen, die es jetzt nicht begreifen, werden es irgendwann gewiß bereuen. Auferstehen werden sie alle, Klarheit über ihr Leben bekommen werden sie alle. Für die einen ist dies dann ein Zustand der Bestätigung; sie werden sammeln, was sie spürbar jetzt schon richtig getan haben. Für die anderen aber wird es gewissermaßen ein böses Erwachen sein, ein Auferstehen auch, ein Ende des Grabes auch für sie, doch eben ein schreckliches Wachwerden. Wie aber soll man sich dieses „Gericht" vorstellen? Der johanneische Jesus erklärt sinngemäß: Dieses „Gericht" ist schon deshalb gerecht, weil ich nur tue, wozu der Vater mich gesandt hat, auf daß ich's von ihm her tue. Wenn das gilt, bedeutet das Gericht nichts anderes, als unter die Augen der Macht zu treten, die wir die ewige Liebe nennen.

Stellen wir uns einmal vor, es wäre uns vergönnt, an der Seite Jesu sitzend und seinen Worten lauschend, unser Leben jetzt schon so zu betrachten, daß es eine endgültige Bilanz erlaubte. Da würden wir uns so vieler Einzelheiten schämen, in denen wir verengt, weit unter unserem Niveau, eingeschlossen in unnötigen Sorgen und Ängsten, unser Leben verbracht haben. Aber es gäbe klar sichtbar auch Momente, die wirtschaftlich, finanziell, karrierebezogen womöglich als Verlust zu buchen sind, die aber ein Stück Menschlichkeit, ein Stück Wärme und Licht in eine sonst unmenschliche, kalte und dunkle Welt gebracht haben; und diese Momente sammeln sich; sie sind die Anknüpfungspunkte jetzt für ein unendliches Leben. Mit dem Schmerz der Erkenntnis wird es beginnen: – wegwünschen werden wir all das wollen, was so deutlich nicht stimmt, und festhalten werden wir all die Momente der Menschlichkeit wollen. Das ist eine solche Krise, eine notwendige, eine heilsame, so oder so. Das Wort Jesu wird uns alle erreichen, nur: wie wir's begreifen, uns öffnend oder uns versperrend, als Rettung für uns selber annehmend oder als Bedrohung zurückweisend, das ist eine Frage, die sich jetzt schon stellt und die Johannes nicht losläßt. Immer wieder wird er in vergleichbaren Bildern davon reden, daß Jesus den Kernpunkt dieser Auseinandersetzung, dieser Entscheidungsfrage, dieses Gerichts bildet: Er kam wie von einer anderen Welt, wie von einem anderen Stern in unser Leben; aber begreifen wir, wer er war, so verstehen wir diese ganze Welt und darinnen uns selber vollkommen neu.

Die Alten Ägypter meinten, daß „Sterne", die vom Himmel fallen, daß Meteoriten so etwas seien wie ein Beweis des Göttlichen, wie das Zeugnis der Götter für ihre eigene Existenz. Schon im Alten Reich müssen sie aus Meteor-Eisen das Bild eines Dächsels geschmiedet haben, und sie verwandten dieses Gerät im Ritual der Mundöffnung. Sie wollten damit dem Toten den Mund erschließen, daß Atem in ihn hineinströme, in ihn, den Toten, den Mumifizierten, um ihn zu beleben. Der Schimmer der Sterne, das Band der Milchstraße, das Rückgrat des Osiris, der Gang der Sonne wurden zum Zeugnis aufgerufen dafür, daß die Liebe unsterblich sei und das Leben selbst göttlich. Was die Ägypter in ihren Riten erahnten, was sie magisch beschworen, ist, existentiell nachgebildet, die Gestalt des Nazareners im Johannesevangelium: etwas, das als Zeugnis Gottes vom Himmel auf die Erde fällt und den Toten den Mund öffnet, auf daß sie Atem des Lebens zu schöpfen vermögen und ihre Stirn die Sterne berühre und sie die Sonne tränken mit ihrem Herzen.

In seinem *Stundenbuch* hat *Rainer Maria Rilke* einmal eine solche Lebensform als „mönchisches Leben" beschworen. Er schreibt:

> Ich will dich immer spiegeln in ganzer Gestalt,
> und will niemals blind sein oder zu alt
> um dein schweres schwankendes Bild zu halten.
> Ich will mich entfalten.
> Nirgends will ich gebogen bleiben,
> denn dort bin ich gelogen, wo ich gebogen bin.
> Und ich will meinen Sinn
> wahr vor dir. Ich will mich beschreiben
> wie ein Bild das ich sah,
> lange und nah,
> wie ein Wort, das ich begriff,
> wie meinen täglichen Krug,
> wie meiner Mutter Gesicht,

wie ein Schiff,
das mich trug
durch den tödlichsten Sturm.

Und weiter:

Du siehst, ich will viel.
Vielleicht will ich Alles:
das Dunkel jedes unendlichen Falles
und jedes Steigens lichtzitterndes Spiel.

Es leben so viele und wollen nichts,
und sind durch ihres leichten Gerichts
glatte Gefühle gefürstet.

Aber du freust dich jedes Gesichts,
das dient und dürstet.
Du freust dich Aller, die dich gebrauchen
wie ein Gerät.

Noch bist du nicht kalt, und es ist nicht zu spät,
in deine werdenden Tiefen zu tauchen,
wo sich das Leben ruhig verrät.

Maria aus Magdala sieht den Herrn

Am ersten Wochentag aber kommt Maria aus Magdala in der Frühe – Finsternis war noch – zum Grab und erblickt den Stein: weggenommen vom Grab! ... Maria aber stand am Grab, draußen, weinend. Wie sie nun weinte, bückte sie sich ins Grab hinein. Da schaut sie: zwei Engel, in Weiß sitzen sie da, einen zu Häupten, einen zu Füßen, wo der Leib Jesu gelegen. Und die sagen ihr: Frau, was weinst du? Sagt sie ihnen: Weggenommen haben sie meinen Herrn, und ich weiß nicht, wohin sie ihn gelegt haben. So sprach sie und wandte sich ins Rückwärtige; da schaut sie: Jesus, er steht da! Doch wußte sie nicht, daß es Jesus ist. Sagt zu ihr Jesus: Frau, was weinst du? Wen suchst du? Sie, in der Meinung, es sei der Gärtner, sagt zu ihm: Herr, wenn du ihn weggetragen hast, sprich zu mir: wohin hast du ihn gelegt, und ich – ihn will ich holen!

Sagt zu ihr Jesus: Marjam! Umwendet sie sich und sagt zu ihm auf hebräisch: Rabbuni, das heißt: Lehrer! Sagt zu ihr Jesus: Hafte nicht an mir! Noch bin ich ja nicht hinaufgestiegen zum Vater. Geh aber zu meinen Brüdern und sprich zu ihnen: Ich steige hinauf zu meinem Vater und eurem Vater, zu meinem Gott und eurem Gott. So kommt Maria aus Magdala, wie ein Engel den Jüngern; denn: „Gesehen habe ich den Herrn." Und das hat er zu ihr gesprochen! Joh 20,1.11–18

Seit Urzeittagen bedeutet Licht für das Empfinden des Menschen, daß das Leben stärker ist als der Tod. Mit Sicherheit dürfen wir vermuten, daß unsere Vorfahren, die von uns durch einen Zeitabstand von vielen Jahrtausenden getrennt sind, die ersten religiösen Gedanken gehegt haben werden über das

Rätsel von Feuer und Licht, wenn sie daran teilhatten, wie aus totem Stein und totem Laub Licht und Wärme hervorgehen konnten. Die Inder, noch heute, verehren in der Gestalt Agnis einen eigenen Gott des Feuers. Die göttliche Macht, die am Himmel in Gestalt der Sonne erstrahlt, wird in den menschlichen Händen wiedererweckt. Ein Stück Himmel kommt da auf die Erde, um das Dunkel zu teilen und die Kälte zu lindern.

Für die frühe Kirche schon war das Bild für den auferstandenen Christus die unbesiegbare Sonne, der sol invictus. Die Monate des Winters vermögen im Treiben der Wolken die Sonne einzuhüllen und zu umdüstern, die Schneekälte der Dezembertage mag Frost und Reif über die Erde werfen, aber das alles geschieht nur, um im Verlauf des Jahres die Sonne schöner und klarer zum Vorschein zu bringen denn je. Am ersten Sonntag nach Frühlingsvollmond jedenfalls findet die Feier der Auferstehung des Lebens in der ganzen Natur statt. Diese Vision bildete einen gemeinsamen Konsens der Religionen im Umkreis der Entstehung auch des Christentums. Da bietet die Natur ein erstes Sinnbild für die Auferstehung des Lebens in dem großen Konzert des Lichts, der Freude, der Wärme, der Sonnenhaftigkeit unserer Seele.

Es gibt für das, was Auferstehung heißt, ein anderes uraltes, sinnenhaftes Argument, das vielleicht in keiner Tradition der Religionen der Menschheit so intensiv und stark beschworen wird wie im Koran, wie im Islam. Wann immer *Mohammed* über Gott und die Stellung des Menschen spricht, läuft es für ihn auf zwei Punkte hinaus: Des Menschen Leben ist bestimmt zur Unsterblichkeit, und Allah, der den Menschen liebt, ist gerecht und gut. Wenn Einwände sich gegen diese Überzeugung richteten, antwortete *Mohammed* fast stereotyp: Er, der den Menschen erschuf aus Staub, wie sollte der widerlegt werden mit dem Hinweis, der Mensch sei nur Staub? Der Tod mag die Nichtigkeit vor allem unter dem großen Gewölbe des Himmels erzeigen, aber die unsichtbare Hand Gottes, aus der alles hervorgeht, was ist, vermag auch einen Neuanfang zu setzen gegen den Tod und über den Tod hinaus. Die „Auferstehung", die Wiedergeburt, gilt auch biblisch als eine „neue Schöpfung".

Was aber ist all den Menschen zu sagen, die den Tod an ihrer Seite erfahren haben und die sich wie zurückgelassen fühlen ohne Trost? Seit Menschen über ihr Schicksal nachdenken, erfaßt sie das Grauen, wenn sie miterleben müssen, mit welch kalter, gleichgültiger und gnadenloser Hand der Tod Menschen auseinanderzureißen vermag, die durch ihre Liebe für ein ganzes Leben, ja, für eine ganze Ewigkeit füreinander bestimmt zu sein schienen.

Bekannt sind die Klagen eines der größten deutschen Dichtwerke um 1400: Der Ackermann aus Böhmen aus der Feder des *Johannes von Tepl*. Dieser Mann, dem jäh seine Frau entrissen wurde, wagt es: Er fordert den Tod in die Schranken eines göttlichen Gerichts. Er will nicht länger die Ausrede des Todes hören, er sei nichts weiter als ein gehorsamer, pünktlicher, korrekter Diener in den Händen des Allmächtigen. Wenn er das ist, welche Befehle hat denn dann Gott gegeben? „Grausamer Würger aller Menschen!" erhebt der Ackermann den Wehruf aller Trauernden vor dem Throne Gottes. „Grausamer Schänder allen Glücks, euch, Tod, euch sei geflucht!" – Wieviel Segen und Versöhnung brauchen Menschen, um eine Ordnung zu begreifen, die im Gefüge der Natur Sinn machen mag, weil in ihr der Tod seinen Part zu spielen hat, die aber einen Skandal darstellt in der Ordnung der Liebe auch nur zwischen zwei Menschen!

Die Geschichte von der Auffindung des leeren Grabes will im Johannesevangelium keine Hoffnung erwecken, sondern deuten. Die Ostererzählungen von dem Geschehen am Grabe sind bereits in den ersten drei Evangelien zeitlich später anzusetzen als die Visionen am Anfang der Osterbotschaft, die sich ganz im Innenraum unserer Seele begeben. Doch genauso muß man auch diese Texte vom Grabe noch lesen: als einen verborgenen, geheimnisvollen Weg, der von Verzweiflung hinüberführt in Zuversicht, von Dunkelheit ins Licht, von Traurigkeit in Tröstung. Es bildet einen Fehler schon auf dem Boden dessen, was wir das Neue Testament heißen, wenn man, vor allem im Matthäusevangelium, damit beginnt, die Bilder der Auferstehung objektiv dingfest machen zu wollen; der „Dialog", der dann anhebt, steht bereits am Anfang des Christentums.

– „Jesus ist auferstanden", verkünden die „Jünger".
– „Sehr wohl, aber dann muß ja wohl sein Grab leer sein", antworten die Gegner.
– „Es war auch leer", versichern die Christen.
– „Aber wie denn? Dann habt ihr ihn gestohlen, den Leichnam!" folgern die Gegner.
– „Nein", erwidern die Christen, „das Grab Jesu selber wurde ja bewacht."
– „Aber von wem denn?"
– „Von einer römischen Wache! Die stand auf Posten."
– „Aber die Posten haben vielleicht geschlafen, als es darauf ankam."

- „Dann würden sie doch zur Verantwortung gezogen worden sein; auf Posten schlafen – darauf steht die Todesstrafe. So kann es also nicht gewesen sein", entgegnen die Christen.
- „Dann habt ihr selber es so hinbekommen. Ihr habt den Wächtern erklärt, sie sollten sich schlafend stellen, ihr würdet bei Pilatus das übrige schon mit Geld ausbügeln", erklären die Gegner.

In einem solchen Hin und Her verfängt sich die ganze Auferstehungsdebatte schon um 90 n. Chr. ins vollends Absurde, doch genau in dieser Weise steht sie noch heute im kirchlichen Dogma festgeschrieben. Will man derartigen Aporien einer falschen Wörtlichnahme der Ostertexte entgehen, so muß man sie symbolisch lesen. Was aber heißt es dann, eine Frau wie Maria von Magdala in dieser Stunde zum Grab zu begleiten?

Wer da glaubt, er komme mit Kamera, Tonband und Stoppuhr an die Ereignisse des Ostermorgens heran, irrt gewaltig, und man muß fast erschrocken und entsetzt sein, zu hören, daß dieser elende Streit der Äußerlichkeit immer noch bis in die Gegenwart hinein geführt wird, sogar auf Lehrstühlen, die sich theologisch nennen. Kann man denn nicht begreifen, welch ein Unterschied im Nachträumen so dichterischer Szenen sich allein schon aus der nur wenig voneinander abweichenden Erzählweise bei Markus und Johannes ergibt? Markus im 16. Kapitel berichtet, es seien am Ostermorgen, als gerade die Sonne aufgegangen war, drei Frauen zum Grabe Jesu hinübergegangen, um den Leichnam als die Reliquie einer bleibenden Verehrung zu balsamieren; sie hätten aber im Aufzug des Frührots das Grab leer geschaut, erfüllt nur von einem Engel. Markus überliefert nur eine kurze Botschaft, die der Engel im Grabe den Frauen gebracht habe, und daß diese vor Angst gegenüber dem Ungeheuren geflohen seien. Die Stunde des Auftritts der Frauen bei Markus muß der Sonnenaufgang sein – ein uraltes ägyptisches Bild mit der Mahnung: „Wenn du das Lichtgestirn wie getötet am Abend hinabtauchen siehst in die Nacht, dann sammele und erinnere dich an all die Dunkelheiten deines eigenen Lebens und halte dir vor Augen, wie es dich selbst nach kurzer Zeit schon umschatten wird. Aber gib nicht auf, denke nicht, der Augenblick des Nachtbeginns sei das Ende von allem, sondern besteige die Barke der Sonne und begleite sie durch die zwölf Stunden der Nacht, bis sie hervorkommt zum Morgen." Sterben bedeutete für die Ägypter, von der Göttin des Himmels umarmt zu werden, welche die Sonne und einen jeden von uns wie ein kleines Kind an jedem Morgen neu hervorbringt, auch an dem Morgen, da der Tag der Ewigkeit anbricht, in jener Stunde jenseits des Todes, da wir eintreten in die Wirklichkeit unseres Daseins. Was wir einen „Sarg" nennen, ist ein Ausdruck, der aus dem Griechischen stammt. Aber die Alten Ägypter meinten den Sarg in der Gestalt der weiblichen Gottheit Nut formen zu dürfen, die sich allnächtlich über die Erde beugt, umkränzt vom Glanze der Sterne, dunkel und sanft, um uns aufzunehmen wie einen Gefährten der Liebe, den sie in ihrem Schoß birgt und nie mehr entläßt, außer zu ewigem Sein. Die scheinbar kleine Zeitangabe bei Markus: „als gerade die Sonne aufgegangen war", ist gefüllt mit dem Erbe von Jahrtausenden derartiger menschlicher Hoffnung.

Aber genau das kann nicht gelten und soll gar nicht gelten in der so viel trostloseren Eingangsszene bei Johannes. Schon eine Mehrzahl von Frauen paßt nicht zum Gemütszustand einer Person wie Maria von Magdala, auch nicht ein Sonnenaufgang; unbedingt in der Frühe – Finsternis war noch – muß alles sich ereignen. Schon daß Menschen durch den Tod von anderen Menschen getrennt werden, kann furchtbar, grausam und unbegreifbar sein; aber was Maria Magdalena hier erlebt, läßt sich an Qual kaum steigern. Abstreifen müssen wir die Fehlinterpretationen der christlichen Legende, die Frau aus dem Fischerdorf von Magdala sei identisch mit jener Dirne, die im siebenten Kapitel des Lukasevangeliums sich Jesus nähert, um ihn zu salben. Das einzige, was wir historisch über Maria von Magdala wissen, steht in einer fast flüchtigen Bemerkung im achten Kapitel des Lukas: In einer Gruppe von Frauen, die sich Jesus anschließen, wird auch sie erwähnt; denn aus ihr, heißt es da, habe Jesus sieben böse Geister ausgetrieben. Diese kurze Notiz ist historisch der einzig korrekte Ausgangspunkt zur Deutung der Gestalt der Maria von Magdala.

Denken wir uns einen Menschen, der auf die Frage: „Wer bist du?" keine Antwort hat, sondern der nur sagen kann: „Es redet in mir stimmenvielfältig gegeneinander, widersprüchlich, zerreißend, so daß es keine Einheit gibt. Seit Kindertagen ist meine Person ausgeliefert und ausgesetzt wie eine Wolke im Sturmwind, außerstande, ein selbständiges Ich zu bilden, eine persönliche Rede zu führen, eine eigene Freiheit zu entdecken." So muß es gewesen sein, ehe Maria von Magdala den Mann aus Nazaret kennenlernte. Er wurde für sie zu dem Ort, an dem ihre Person zum ersten Mal sich selbst zu finden und zu formen vermochte, und so schloß sie sich ihm an wie eine Schwalbe dem Frühling. Sie blieb bei ihm, weil ein anderer Platz des Lebens für sie gar nimmer zu finden war.

Stellen wir uns doch einmal Maria von Magdala am Fuße des Berges vor, von dem herab Jesus, nach dem Zeugnis des Matthäus, zu all denen sprach, die übel dran waren: Mondsüchtige, Gelähmte, von Abergeistern Besessene, wie sie selbst; und er hebt an zu reden: „Glücklich die Menschen, die noch weinen können! Glücklich die Menschen, die den Mut haben, zu ihrer Armut und Armseligkeit ja zu sagen! Glücklich die Menschen, die es wagen, sich wehrlos zu geben! Sie allein werden aus der Armut das Erbarmen lernen und aus der Ohnmacht den Frieden; nur sie werden imstande sein, andere zu heilen als selber ganz und gar Heilgewordene." (Mt 5,1–10)

Die Frau aus Magdala muß genau gespürt haben, daß in diesen Worten ihr ganzes Leben lag – alle Hoffnung, alle Menschlichkeit. Gemessen daran muß ihr alles, was die Schriftgelehrten im Namen Gottes wie im Namen der Synagoge, im Namen der mosaischen Gesetze ebenso wie im Namen der staatlichen Gesetze, verordneten, wie Wahnsinn erschienen sein. Alles, was man Maria aus Magdala beigebracht hatte, konnte nur dazu führen, ihre Seele zu verwüsten und zu verheeren. Doch was der Mann aus Nazaret sagte in seiner Güte und in seiner Menschlichkeit, das war für sie Leben, das ließ sie leben. Welch eine andere Chance sollte sie haben, als bei ihm zu bleiben mit der ganzen Kraft ihrer Sehnsucht und ihrer Anhänglichkeit? – Aber nun sehen zu müssen, daß genau diese Erfahrung den Grund bilden würde, um den Mann aus Nazaret so rasch wie möglich zu beseitigen, und daß das Räderwerk dieses präzis gefaßten Entschlusses immer enger greifen würde, immer unentrinnbarer bis hin zu der Stunde von Golgota, das muß diese Frau erlitten haben, wie wenn alles in ihrem Leben von vorn anhübe: der ganze alte organisierte Wahn – systematisiert, legalisiert, kommandiert, exekutiert – steht wieder auf und beweist vermeintlich, daß er recht hat gegenüber dem Aufstand des Nazareners, daß er zumindest stärker ist als er, ein für allemal stärker! Eine solche Deutung scheint durchaus historisch begründet zu sein.

Das Markusevangelium zum Beispiel ist noch keine drei Kapitel alt, als dieser Gegensatz zwischen Menschlichkeit und Frömmigkeit ausgetragen wird. Gerade hat Jesus am Sabbat einen Besessenen in der Synagoge von Kafarnaum geheilt, da fallen die Gottesgelehrten über ihn her und urgieren gegen ihn das Sabbatgebot anläßlich des Ährenraufens seiner Jünger am Sabbat. Doch Jesus wird mit Bezug zu der Geschichte vom Schöpfungsmorgen in Genesis 2 sagen, es sei kein Gott im Himmel, der es dulde, wenn auch nur ein Mensch auf dieser Erde länger leide als nötig. Es ist kein Ruhetag für Gott, es ist kein legitimer Sabbat, wenn Menschen nicht Menschen helfen dürfen, so schnell sie können. Die Ruhe Gottes liegt einzig in dem Glück, das wir einander zu schenken vermöchten, träten wir aus den Fesseln absurd interpretierter Gesetze nur endgültig heraus und würden die schnöde Angst aufgeben, mit der wir dauernd nach oben schauen, vermeinend, daß von dort die Wahrheit käme, statt auf unser eigenes Herz zu hören, das, folgten wir dem Mitleid und dem Mitgefühl, sehr deutlich zu uns redete. Herr ist der Menschensohn auch über den Sabbat, so faßt Jesus es pointiert zusammen (Markus 2). Aber man wird ihm entgegnen: was er da mache, wenn er Wunder der Heilung wirke, könne nicht länger als ein Tun Gottes verstanden werden, sondern allein mit dem Obersten der Satane, dem Baal-Zebul, führe er seine „Wunder" herbei.

Wer da nur menschlich sein möchte in Freiheit, der verfällt dem Todesurteil der etablierten Religion, weil er mit seinem Anliegen unrecht geben muß all denen, deren Macht nur darin gründet, zugunsten der eigenen Wichtigkeit Gott im Munde zu führen gegen die Menschen. Die eigenen Angehörigen Jesu kommen eilfertig aus Nazaret, Maria an der Spitze, um ihn für verrückt zu erklären und nach Hause zurückzuholen; besser immer noch, man hält ihn für wahnsinnig als für einen vom Teufel Besessenen; denn nur so rettet man ihn vor dem drohenden Todesurteil wegen Schwarzmagie. Da wäre der Anfang auch schon das Ende, kaum daß die Sache Jesu begonnen hätte; doch Jesus wird nicht einen Zentimeter zurückweichen, nicht vor der Angst, nicht vor der Drohung; er wird vielmehr seine Jünger anmahnen wie bei der Aussendung in Matthäus 10: „Und fürchtet euch nicht vor denen, die den Leib töten (wollen), die Seele aber nicht zu töten vermögen, sondern fürchtet vielmehr den, der es vermag, daß sowohl die Seele als auch der Leib verloren gehen: in der Hölle." Doch wenn sich die Gegenmächte nun als stärker erweisen, fällt dann nicht alles wieder in sich zusammen? Wenn man das Wunder solcher Menschlichkeit in Wahnsinn und Teufelei verdrehen kann, was bleibt dann im Kopf eines Menschen noch gerade zu denken, was in seinem Herzen noch gerade zu fühlen? Was macht da eine Frau, die eben erst begonnen hat zu leben, wenn man ihr alsbald vorführt, der Quell, aus dem ihr Leben kommt, sei vergiftet? Sie kann nur hoffen, daß Jesus seine Widersacher überwindet, doch je länger der Weg wird, desto schmaler verengt er sich zu einem kaum noch aufzufindenden Pfad.

Man versteht die dramatische Auseinandersetzung im Leben einer Frau wie Maria Magdalena nur, wenn man den Tod Jesu nicht rituell, sondern existentiell betrachtet. Die Kirche – in Anlehnung an archaische, uralte Deutungsschemata von Opfer und Versöhnung – gibt sich seit je her sicher und gelassen in den Gründen, weswegen Jesus sterben mußte: Er habe im Gehorsam gegenüber dem göttlichen Willen das Leid der Menschheit auf sich genommen, sagt sie, damit Gott im Himmel mit unseren Sünden versöhnt werden konnte. In einer solchen Erklärung hebt sich die ganze Spannung zwischen Jesus und den religiösen Behörden seiner Zeit in einem heiligen Drama auf. Da stirbt nicht länger mehr ein Mensch, da geht Jesus als der Messias in seine Herrlichkeit ein. Alles wirkt da entrückt und erhaben, aber es entfernt sich weit von dem, was in uns an Furchtbarem vor sich geht, in Menschen, die einen Mann wie Jesus zum Tode verurteilen, und ebenso von dem, was uns helfen könnte, wirklich zu leben. Entscheidend ist: Nicht Gott hat irgendein Opfer nötig, – nie hat Jesus so gedacht, ganz im Gegenteil; er wäre niemals Johannes dem Täufer, seinem eigenen Lehrmeister, an den Jordan nachgefolgt, wenn er an die rituellen Schlachtereien im Tempel auch nur die kleinste Hoffnung oder irgendeinen Wert geheftet hätte. Vor dem Jahr 70 zählte man in Jerusalem am Pessah-Tage allein die Schlachtung von über 245 000 Schafen als Opferbilanz. So viel Blut brauchte da der Gott Israels, um wie ein Dämon an den blutbeschmierten Pfosten der Hütten seines Volkes vorüberzugehen. Jesus war sich sicher: wenn es im Gebetbuch Israels einen prophetischen Psalm gibt, so ist es der 50. Psalm: „Wenn ich Durst habe", heißt es da, „brauche ich nicht das Blut eurer Farren und Böcke, und wenn ich

Hunger habe, brauche ich nicht das Fleisch von euren Opfertieren. Mir gehört alles, was lebt!" Aber einem Menschen, der sich selber versteht in seiner Zerbrochenheit, einem zerbrochenen Herzen ist der Herr nahe. (Ps 51)

Worte wie diese hätte Jesus ganz genau so sagen können. Gott braucht nicht den ewigen Masochismus von Blut und Leid und Tod und Folter. Was er möchte, sind Taten der Menschlichkeit und des reifenden Verstehens untereinander. Das ist alles. Aber um dazu fähig zu sein, braucht man ein nicht-zweideutiges, ein nicht-ambivalentes Bild von Gott. Wir haben es schon mehrfach betont: Solange da ein Gott ist, der Opfer fordert, müssen immer wieder Vorleistungen erbracht werden, bis daß die Bedingungen erfüllt sind, unter denen dieser Gott die begangene Schuld zu vergeben vermag. Wie um dieses Gottesbild zu widerlegen, erzählt indessen Jesus in Matthäus 18 die Geschichte von einem königlichen Minister, der mit zehntausend Talenten derart tief verschuldet ist, daß sein Herr gar nicht anders kann, als auf eine mögliche Rückzahlung zu verzichten. Gott vergibt uns, weil wir anders gar nicht leben könnten. So simpel sind die Grundüberzeugungen, die Jesus einer ganzen Menschheit, an der Spitze seinem eigenen Volke, vermitteln wollte. Aber es sind gefährliche Gedanken für alle Institutionen, die vom Opfer leben. Wenn Jesus schließlich sogar hingeht und die Händler und Wechsler aus dem Tempel treibt, kann Matthäus noch erklären, es seien die Blinden und die Lahmen gekommen und am Ort des Heiligtums geheilt worden, und Kinder seien gekommen, um ihn zu preisen (Mt 21). Aber die großen Leute, die Hohenpriester und die Schriftgelehrten, werden ebenfalls vortreten, und sie werden wissen wollen: In welcher Vollmacht tust du das? Und als Jesus sie fragt: Die Taufe des Johannes – war sie vom Himmel oder von Menschen?, werden sie antworten: Wir wissen es nicht. Diese Leute wissen nur, daß sie töten müssen (Mk 11). Das allerdings wissen sie immer. Aber sie fürchten auch das Volk; und sie dürfen deshalb nicht einmal die Gründe vorbringen, warum sie so sind. Sie haben immer recht. Und noch im Nachfragen werden sie erklären: „Hier steht es: Verflucht ist, was am Holze hängt." Das steht geschrieben, und das führen sie aus. Darum täusche sich niemand in der Hartnäckigkeit ihres Willens; sie werden sich durchsetzen gegen jeden, und sie werden sich widersetzen jedem, der sie in Frage stellt.

In diesem Durcheinander schriftgelehrter Rechthaberei hinein wird eine Frau wie Maria aus Magdala sich gefragt haben, wer denn imstande sei, an der Seite Jesu zu bleiben. Die Geschichte, welche die Evangelien als „Passionserzählung" überliefern, stellt sich, wie schon mehrfach erwähnt, als ein erfülltes Gebet aus Psalmenworten und Prophetenzitaten dar. Stelle für Stelle tritt da Jesus selber ein in das, was man rückwärts liest als Weissagung und Verheißung auf den Messiaskönig, der für das Volk sein Leben läßt. Was sich indessen wirklich begibt, ist enorm viel gebrochener, erschütternder, kleinlicher, schäbiger und schrecklicher. Nicht einmal die Leute, die zum engsten Kreis der Jünger Jesu zählen, erweisen sich da als zuverlässig.

Nehmen wir einmal einen Mann wie Petrus: Er kann im Abendmahlssaal seinem Herrn zuschwören, er werde ihn nicht verraten; doch jemand, der den anderen gut genug kennt wie Jesus seinen Jünger, kann ihm auf die Stunde genau zusagen, wann er gerade das tun wird. Niemand, nicht einmal die Ankläger, haben Jesus verflucht, aber auf das Wort einer Magd im Hof des Hohen Priesters hin wird Petrus seinen Herrn verwünschen. Aus lauter Angst verleugnet ein Mann wie Petrus seinen Meister und erklärt, ihn überhaupt nicht zu kennen.

Es ist ein Widerspruch, den wir in unseren Kirchen bis heute auf Schritt und Tritt erleben: Da soll und muß ein Neues kommen, doch den Mut, es im Zerbruch des Alten zu riskieren, wer brächte den auf? – Die französische Dichterin *Marie Noël* konnte in ihren *Notes Intimes* (dt. *Erfahrungen mit Gott*), vor vielen Jahren schon, sich erinnernd, einmal schreiben: „An einem Nachmittag unter Frauen sprachen wir über den Gang Jesu nach Jerusalem. Alle sagten, sie seien ihm gefolgt, ganz sicher, sie seien ihm gefolgt." „Ich bin nicht so sicher", gibt sie ehrlich zu. „Wenn ich den Hohenpriester sähe, wenn ich hörte, wie er spräche: ‚Was brauchen wir noch Zeugen, er ist des Todes schuldig', – mein Herz wäre zerrissen, meine Knie sänken nieder, aber ich würde gehorsam bleiben dem Hohenpriester. Außerhalb der Kirche ist kein Heil. Würde ich wagen, dem zu widersprechen im Namen des Gekreuzigten?"

Oder sehen wir uns den Hohenpriester Kajaphas an. Wir wissen von ihm historisch, daß er achtzehn Jahre lang die Schaltstelle zwischen Synagoge und römischer Besatzungsmacht gewesen ist. Ein Hohenpriester: – was bringt ihn dazu, den Römern derart entgegenzukommen, immer wieder mit ihnen Kompromisse zu schließen und sich auf die Seite des Marionettenregimes des Herodes zu stellen, statt den messianischen Freiheitskampf der Zeloten in den Bergen Galiläas zu unterstützen? Wir sagten bereits: Man versteht Kajaphas wohl nur, wenn man ihm zutraut, daß er wußte, was passieren würde, wenn die römischen Kohorten sich in Marsch setzten. Jeder Widerstand würde vergeblich sein, wenn das geschähe. Also darf es nicht geschehen. Also ist es egal, wer Jesus aus Nazaret wirklich ist, die Frage ist einzig, wie sein Auftreten wirkt, und um das zu beurteilen, braucht es politische Vernunft: Zuträglich ist's, daß ein Mensch stirbt – zugunsten des Volkes (Joh 11 und 18). Das ist Politik. Da geht es nicht um Recht, da geht es um das, was man Überleben nennt. Selbst wenn es ein Mord wäre, Jesus hinzurichten, schlimmer wäre es, falsch zu handeln im Sinne der geschichtlichen Vernunft. Furchtbarer als ein Verbrechen sind in der Politik die Folgen von Dummheit. Selbst *Goethe,* nach den Zeugnissen der Gespräche mit *Eckermann,* hätte für Kajaphas Verständnis gehabt. „Es ist nicht wahr," lernen wir bei *Max Weber* in *Der Beruf zur Politik,* „daß aus guten Taten immer nur Gutes in der Geschichte erwächst und aus bösen Taten immer nur Böses. Wer nicht begreift, daß man manchmal Böses tun muß, um Gutes zu erreichen, bleibt politisch ein Kind." Kajaphas, als er das „Kind" aus Nazaret tötet, ist politisch ein Greis an geschichtlicher Vernunft und Weisheit.

Was aber hat eine Frau wie Maria aus Magdala in diesem Räderwerk aus politischem Kalkül, rechthaberischer Theologie, persönlicher Verzweiflung und charakterlicher Feigheit zu tun? Politik, Religion, Gesellschaft, die Reaktionen der „Mitmenschen" summieren sich in ihren Augen zu nichts als der Bilanz des alten Wahnsinns. Die Stunde des Karfreitags erlebt sie wie einen Weltuntergang, und das historisch wohl korrektermaßen. Schon Markus, im 15. Kapitel, übernimmt einen kleinen Vers aus dem Propheten Amos, um den Tod Jesu zu deuten: Es wird, wenn die Welt sich dem Ende entgegenneigt, die Sonne am Himmel sich umdüstern. Genau so erlebt es diese Frau; Matthäus, Kapitel 27, fügt noch hinzu, die Erde habe in der Stunde des Todes Jesu zu beben begonnen, die Gräber hätten sich geöffnet und die Toten hervorgespieen. Diese Nacht und dieses Beben werden in den Augen Magdalenens nie mehr vergehen, wenn die Ermordung Jesu das letzte Wort behalten sollte. Die Jünger, in dieser Stunde, da es geschieht, haben sich längst schon verlaufen, sie sind zurückgekehrt an den See von Gennesaret, um ihr Handwerk als Fischer wieder aufzunehmen. Man kann ihre Haltung verstehen. Bei der Berufung der Söhne des Zebedäus zum Beispiel, wurde uns erzählt, daß sie eine Menge verließen: Geräte, Fangnetze, Boote, Angehörige, – jeder von ihnen hatte etwas zu verlieren, also auch etwas wiederzufinden, als scheinbar alles auf ein Desaster hinauslief. Die Frau aus Magdala hingegen hatte niemals etwas zu verlieren gehabt; erst in diesem Moment des Karfreitags verliert sie alles – den Grund ihrer Hoffnung, den Inhalt ihrer Liebe, sich selbst.

Um so deutlicher wird, was es heißt, wenn das Johannesevangelium erzählt, sie habe sich am Ostermorgen zum Grabe begeben, in der Frühe – Finsternis war noch. Sie möchte sich klammern an die Reste des Verstorbenen, – wenigstens sie sollen ihr bleiben: ein Leben als Totenkult, eine Zukunft als Erinnerung und als ein endloses Weinen. Da ergeht aus dem geöffneten Grabe an sie eine Frage, wie von zwei Engeln gesprochen: Frau, was weinst du? Diese Szene entscheidet.

Immer wenn wir einander zu trösten versuchen angesichts solchen Schmerzes, werden wir dem anderen nahelegen, dies und das doch auch wahrzunehmen, das relativieren könnte, was er empfindet: es ist alles gar nicht so schlimm…, es gibt aber ja daneben auch..., und man muß loskommen von all dem. Das ist unsere Weise zu „trösten". Die Art, wie Gott im Neuen Testament tröstet, ist gerade umgekehrt. Er fragt uns nach dem Warum, er möchte, daß wir es aussprechen. Denn nur wenn wir die Trauer zulassen, nur wenn wir Worte für das Unaussprechliche finden, kann unser Standpunkt sich ändern, – kann Maria von Magdala sich abwenden von der Grabkammer mit den zwei Engeln.

Diese beiden Götterboten entsprechen dem altägyptischen Bild, wie zu Häupten und zu Füßen die beiden göttlichen Schwestern Nephthys und Isis am Katafalk ihres geliebten Bruders Osiris stehen, – so diese beiden Engel an der Stätte des Todes Jesu hier. Es ist die uralte Frage, wie wir betrachten, was im Tode geschieht. Man kann auf zwei Arten den Tod wahrnehmen. Man kann in ein Grab schauen und sieht nichts anderes als Auflösung und Verwesung; doch es gibt auch eine leise, kaum hörbare Stimme der Liebe in aller Verzweiflung, die zu uns redet, die uns beschwört, den Tod nicht zu akzeptieren. Das Leid an dem Un-Sinn und Wider-Sinn gerade der Ermordung des Kostbarsten, das je die Erde trug, kehrt sich selber um und zeigt eine neue Blickrichtung.

Gerade für die Frau, die den Tod Jesu total erlebt, ist ein weiteres Leben gar nicht anders möglich, als noch einmal das Geschehene selber umzuwerten in das ursprünglich Gemeinte. Was denn haben all diese Leute gezeigt: Männer wie Kajaphas und Pilatus, die Arrangeure und Mitläufer des Verbrechens? Sie haben Gott im Munde geführt, das ist wahr; sie haben die Bibel zitiert, das ist richtig; sie haben die objektive geschichtliche Vernunft bemüht, – aber soll man ihnen deshalb glauben? War es nicht genau das, was Jesus fundamental im

Namen Gottes anzweifelte, damit Menschen leben könnten und all der Wahnsinn unseres ganz normalen alltäglichen Daseins ein Ende fände? Aber ist dann nicht lediglich deutlich geworden, daß diese vermeintlichen Lenker der Welt überhaupt nichts anderes können als töten? Sie stehen da und erklären: Wir sind die Frömmigkeit, wir sind die Wahrheit, wir sind die Ordnung; doch in Wirklichkeit haben sie nur demonstriert, daß sie eine einzige tödliche Lüge, eine Gotteslästerung sind. All ihre Gesetze sind nichts weiter als der präformierte Tod, als der verordnete Wahnsinn.

Das lernt Maria Magdalena am Ende dieser Nacht am Grabe Jesu: Sie findet denjenigen wieder, der ihr ganzes Leben war. Wohl, was sie tut, ist nichts als ein Suchen nach einer verzweifelten Erinnerung, aber an sie sich zu klammern ermöglicht es ihr, noch einmal nach vorn zu schauen. Als sie die Frage der Engel hört, wendet sie sich zurück und sieht Jesus dastehen, ohne ihn zu erkennen; sie hält ihn für den Gärtner. Doch allein diese Bewegung nach „rückwärts" kann im Leben zahlreicher Menschen alles bedeuten, wenngleich sie viel Zeit benötigt. All ihr Interesse gilt in dieser Phase der Trauer der Wiederherstellung dessen, was einmal war und was niemals hätte verlorengehen dürfen, und viel ist schon gewonnen, wenn an die Stelle bloßer Schwermut und wehmütiger Gedanken lebende Menschen, wie dieser „Gärtner", treten. Doch alle Gestalten der Erinnerung werden in dieser Perspektive nur wahrgenommen als Vermittler und Übergangsgebilde zu dem eigentlich Gesuchten, zu dem ewig Vermißten, zu dem als lebend Ersehnten. Selbst sein Leichnam böte mehr Halt und Trost als alles Gegenwärtige!

Es ist unendlich viel, wenn von dieser Zwittergestalt aus Vergangenheit und Gegenwart, aus Traum und Wirklichkeit, erneut die Frage der beiden Engel im Grab sich zu Wort meldet: Frau, was weinst du? Jetzt allerdings klingt diese Anrede bereits weit intimer, und sie ergänzt sich im Munde Jesu genauer: Wen suchst du? Alle Depression und alle Trauer ist persönlich gebunden; sie besteht in diesem Empfinden, daß derjenige fehlt, den man zum Leben unbedingt braucht.

Entscheidend ist, daß diese Gestalt aus Sehnsucht und Erinnerung Maria aus Magdala nun in der Gegenwart anredet mit ihrem Namen: Marjam. Sie selbst ist gemeint! heißt das. Ihr eigenes Leben! Mit anderen Worten: Ihre Wahrheit liegt fortan nicht mehr äußerlich in einem anderen, sie liegt, vermittelt durch alles, was war, in ihr selbst.

Es geht um sie, um ihr Leben, um ihre Einsicht. Und diese „Anrede" hilft ihr, die wichtigere zweite „Wende" zu vollziehen: sie richtet sich aus ihrer Rückwärtsgewandtheit nach vorn; offenbar steht Jesus nun nicht mehr „hinter" ihr, sondern vor ihr; er ist nicht länger ein Teil ihrer Vergangenheit, er ist ihre Zukunft. Und so redet sie ihn an: Rabbuni, das heißt: (Mein) Lehrer!

Alles in ihr drängt nun dahin, diese neu gewonnene Erfahrung festzuhalten, sie für sich zu behalten und die Zeit anzuhalten, damit vor ihren Augen nicht alles wieder wie ein Schemen zerfließe. Es ist ein letzter Schritt der Verinnerlichung, der Vergeistigung, der endgültigen Verlebendigung, wenn der Auferstandene Maria erklärt: Ich steige hinauf zu meinem Vater und eurem Vater. Nur so, im Aufblick zu dem fortan für alle Zeit Gültigen, in der für immer gefundenen Wahrheit des eigenen Herzens, in welche die Gestalt des Mannes aus Nazaret eingetreten ist, wird sich ein Leben jenseits der Gräber entwickeln können; und fragt man, worin diese Wahrheit des eigenen Herzens bestehe, die uns Jesus vermittelte, so liegt sie in dem endgültigen Geschenk dieser Zuversicht: er geht hinauf zu seinem Vater und zu unserem Vater. Sein Verhältnis zu Gott ist fortan auch unser Verhältnis zu Gott. So darf es sein, so soll es sein.

Alles ist damit ans Ziel gelangt. Psychologisch gesehen, ist ein langer Weg der „Trauerarbeit" in einer Reihe typischer „Bewegungen" zum Abschluß gekommen; religiös aber ist in der Gegenwart und in der Auseinandersetzung mit der Person Jesu eine Gewißheit gewonnen worden, die man im Bilde des „Vaters" im „Himmel" nicht anders denn als „Versöhntheit" bezeichnen kann; sie liegt in der Überzeugung, niemals mehr vermöchte der Tod zu trennen, was die Liebe vereint hat. Das „Pessah" Jesu – das war: alle Menschen einzuladen ohne Grenzen, ohne Bedingungen, und denen, die nie eine Chance besaßen, zu sagen: „Kommt her, gerade auch ihr. Schon weil ihr Gott braucht, um zu leben, müßt ihr allen anderen sagen, woraus wahrhaftig zu leben ist!"

So fing alles an, und so wird es jetzt weitergehen. Es wird der Tod seine Macht verlieren, – es hat der Tod seine Macht verloren! Wir daher dürfen aufhören, ihn zu fürchten; und mitten durch den Sturm, über das Fluten der Wogen hinweg kommt uns erneut die Gestalt des Mannes entgegen, der schon vormals vom anderen Ufer her auf uns zuging, auf daß der Abgrund dieser Welt uns hinübertrage bis zum anderen Gestade, bis zum Wiedersehen in Ewigkeit.

Wie mag man sich die „Verkündigung" der Maria Magdalena von dem Grab, das sie am Ostermorgen „leer" fand, an die

Jünger vorstellen? In einem späten Rückblick, 30 Jahre danach, faßt *Khalil Gibran* in seinen Betrachtungen über *Jesus Menschensohn* die Botschaft dieser ersten Zeugin der „Auferstehung" in den Worten zusammen:

„Noch einmal wiederhole ich, daß Jesus den Tod durch den Tod besiegte, und daß Er vom Grabe aufstand als ein Geist und eine Kraft. Er durchschritt unsere Einsamkeit und besuchte die Gärten unserer Passion. Er liegt nicht mehr dort in der Felsenspalte hinter dem Stein.

Wir, die wir Ihn liebten, sahen Ihn mit diesen unseren Augen, die Er sehend machte, und wir berührten Ihn mit diesen unseren Händen, die Er lehrte, weiter als gewöhnlich zu reichen.

Ich kenne euch, die ihr nicht an Ihn glaubt. Ich war eine von euch. Jetzt seid ihr noch zahlreich, aber eure Zahl wird schnell abnehmen.

Ist es nötig, daß man eine Harfe oder Leier zerbricht, um die Musik darin zu entdecken?

Ist es erforderlich, einen Baum zu fällen, um daran glauben zu können, daß er Früchte trägt?

Ihr lehnt Jesus ab, weil jemand aus dem Land des Nordens behauptete, daß Er Gottes Sohn sei. Und ihr verachtet euch gegenseitig, weil jeder von euch sich zu erhaben dünkt, um der Bruder seines Nächsten zu sein.

Ihr haßt ihn, weil jemand behauptete, daß Er von einer Jungfrau geboren wurde und nicht aus dem Samen eines Mannes. Ihr kennt nämlich weder Mütter, die als Jungfrauen begraben werden, noch Männer, die, an ihrem eigenen Durst erstickt, zu Grabe getragen werden.

Ihr wißt nicht, daß die Erde mit der Sonne vermählt wurde, und daß es die Erde ist, die uns in die Berge und Wüsten aussendet.

Es gibt einen klaffenden Abgrund zwischen denjenigen, die Ihn lieben, und denjenigen, die Ihn hassen, zwischen denen, die an Ihn glauben, und denen, die nicht an Ihn glauben.

Wenn aber die Jahre eine Brücke über diesen Abgrund geschlagen haben werden, dann werdet ihr wissen, daß derjenige, der in uns lebte, unsterblich ist, daß Er der Sohn Gottes ist, wie wir selber Kinder Gottes sind, daß Er aus einer Jungfrau geboren wurde, wie wir aus der Erde geboren werden, die – ohne einen Gemahl zu kennen – das Leben schenkt.

Es mag seltsam erscheinen, daß die Erde den Ungläubigen weder die Wurzeln verleiht, um sie an ihrer Brust zu stillen, noch die Flügel, damit sie sich in die Lüfte aufschwingen und am Tau des Himmels erquicken.

Ich aber weiß, was ich weiß, und das genügt mir."

Gibt es ein ewiges Leben oder nicht?

Auch kommen Sadduzäer zu ihm, die da sagen, eine Auferstehung gebe es nicht, und sie fragten ihn, sprechend: Meister, Moses hat uns vorgeschrieben: Wenn einem der Bruder stirbt und läßt eine Frau zurück, hinterläßt aber kein Kind, so nehme sein Bruder die Frau und lasse Nachkommen seinem Bruder erstehen. Da waren sieben Brüder: Der erste nahm eine Frau, und als er starb, hinterließ er keinen Nachkommen. Da nahm der zweite sie, doch auch er starb, ohne einen Nachkommen zu hinterlassen, und der dritte ebenso, und so hinterließen die sieben keinen Nachkommen. Zu allerletzt starb auch die Frau. Bei der Auferstehung – wenn sie dann auferstehen – wessen Frau von ihnen wird sie dann sein? Alle sieben hatten sie ja zur Frau. Sprach zu ihnen Jesus: Irrt ihr nicht deswegen, weil ihr weder die Schriften noch die Macht Gottes kennt? Wenn sie nämlich von den Toten auferstehen, heiraten sie weder noch werden sie verheiratet, sondern sie sind wie die Engel in den Himmeln. Über die Toten aber – daß sie auferweckt werden, habt ihr nicht gelesen im Buche des Moses, beim Dornbusch, wie Gott zu ihm sagte, sprechend: Ich bin der Gott Abrahams und – der – Gott Isaaks und – der – Gott Jakobs? Nicht ein Gott von Toten ist er, sondern von Lebenden. Sehr irrt ihr euch!

Mk 12,18–27

Diese Frage macht den Kernpunkt all unserer Hoffnung aus: Gibt es ein ewiges Leben oder nicht? Dürfen wir hoffen auf eine Auferstehung jenseits des Todes? Daran entscheidet sich alles.

Um die Bedeutung dieser Frage ins rechte Licht zu rücken, hat der französische Philosoph und Mathematiker *Blaise Pascal* einmal die Herausforderung der Skeptiker aufgegriffen. Streng deinen Kopf an, meinte *Pascal*, und geh mit mir eine Wette ein. Du sagst: Wer beweist mir die Tatsache des ewigen Lebens? Du fragst: Komme ich mit dem Glauben an ein jenseitiges Leben nicht in die Gefahr, das Diesseits darüber zu versäumen? Nun, so vergleiche miteinander. Ich setze den Glauben an ein unendliches Leben im Jenseits gegen das endliche Leben im Diesseits. Gesetzt, du hast recht; ich verliere die Wette, und es gibt kein Jenseits. Was hätte ich dann verloren? Gemessen an der Unendlichkeit, buchstäblich ein Nichts; nichts hätte ich verloren gegenüber der Ewigkeit. Aber jetzt du. Gesetzt noch einmal, du gewinnst die Wette, und es gibt nur das Diesseits; was hältst du dann in Händen? Ein paar Jahrzehnte, wenn es gutgeht, eine kurze Weile durchschnittlichen Glücks, und dann eine Ewigkeit lang gar nichts. Und wie erst, du verlierst die Wette, und es gibt die Ewigkeit; es existiert die Unendlichkeit, du aber hast versäumt, an sie auch nur zu denken? Dann verlierst du alles, und zwar alles für ein Nichts. – Wähle also, wie du das Gewicht deines Lebens verteilen willst. Vermeiden zu wählen kannst du nicht. Wir werden sehen.

Es ist eigenartig, daß das Alte Testament als die einzige große Religion der Menschheit den Glauben an die Auferstehung eigentlich nicht kennt. In gewissem Sinne hat es diese Vorstellung sogar bekämpft. Es fürchtete, daß, wer an ein Weiterleben nach dem Tode glaubt, augenblicklich von Geister- und Gespensterfurcht erfaßt würde; die Schatten der Vorfahren würden unser Leben heimsuchen und mit Angst durchziehen, und Ahnenkult und Unterwürfigkeit würden uns die Freiheit einer eigenen Existenz rauben; die Personen unserer Eltern wären schließlich unendlich mächtiger als wir, und so blieben wir an die Vergangenheit gebunden; sie verdeckte alle Zukunft. Demgegenüber meinte das Alte Testament, Gott, der uns geschaffen habe, wolle, daß wir selber leben, unverfälscht und würdig, in Verantwortung des eigenen Lebens, mit der Eröffnung einer eigenen Zukunft.

Was aber machen Menschen, die gerade in der Religion des Alten Testamentes sich ihres Wertes und ihrer Würde von Gott her bewußt geworden sind? Sie beginnen noch einmal und noch viel mehr die Sehnsucht nach dem Unendlichen zu spüren, und jetzt nicht mehr als Verschattung von Angst, als Verstörung des Lebens durch die Macht der Vergangenheit, sondern gerade umgekehrt, als Hoffnung, die eigene Bestimmung würdig zu leben und ausgreifen zu dürfen auf die Unendlichkeit Gottes.

Dies ist die wahre Verheißung der Religion, daß Gott, der uns schuf, uns von Ewigkeit her wollte und in Ewigkeit möchte, daß wir sind. Die ewige Liebe, die beschloß, uns ins Dasein zu rufen, will niemals mehr diesen Ruf zurücknehmen. In jeder Religion ist diese Zuversicht enthalten.

Was eigentlich spricht gegen diese Hoffnung außer dem Zeugnis der Sinne? Ein Mensch, der stirbt, hinterläßt einen Körper, der erkaltet, der ins Grab sinkt, der verwest. Dies sagen uns die Sinne, und darin sind sie untrüglich. Wer nur den Sinnen glaubt, wird an kein jenseitiges Leben eine Hoffnung richten können; aber sein Dasein wird auch insgesamt unter den Bestimmungen rein äußerer Zwecksetzungen sich verströmen und verschleißen müssen. Seine Einteilungsschemata sind Glück und Pech, Gesundheit und Krankheit, Erfolg und Mißerfolg, Wohlergehen und Schmerz; dann aber wartet nach kurzer Zeit schon das Alter und schließlich der Tod auf ihn. Dies war sein Leben; aber war es ein menschliches Leben? Kein Maulwurf möchte, wenn er denken könnte, derart existieren, um wieviel weniger ein Mensch, dessen oberste Bestimmung es ist, Geist zu sein und vom Geist bestimmt zu werden. Der Körper ist, geistig betrachtet, eigentlich nur der erste Ort, an dem die Seele zu leuchten beginnt; das scheinbar so zuverlässige Zeugnis der Sinne hingegen trifft selbst im Umgang mit der Materie nur sehr begrenzt zu. Schon längst haben wir aufgehört zu glauben, wenigstens die Materie sei etwas uns Bekanntes und Vertrautes; jeder Physiker wird uns heute erklären, daß Materie in Wahrheit nichts weiter sei als gefrorene Energie, geordnet nach mathematischen Gesetzen jenseits unseres Vorstellungsvermögens, rückverwandelbar vollständig in Energie. Oder schauen wir in die Räume des Weltalls – vorstellen können wir uns seine Maße niemals; allein schon, um den Strukturen seiner Geometrie in etwa nahezukommen, bedürfen wir einer Mathematik der vierten Dimension. Und in Wahrheit ist alles vermutlich noch unendlich viel komplizierter und großartiger, als wir es zu ahnen vermögen. Schon um die unterste Stufe der Wirklichkeit zu begreifen, muß unser Geist mithin das Feld unseres Vorstellungsvermögens bei weitem übersteigen.

Gewiß, in Anbetracht des Kosmos, als reine Gebilde der Materie, sind wir winzige Wesen, ist unsere Erde nur ein Staubkorn und ist selbst unsere Sonne nur so groß wie eine Erbse; schon rein zeitlich ist unser Dasein, gemessen an den Dimensionen des Kosmos, weniger als das Leben einer Eintagsfliege. Aber sollte man Gott, der die riesigen Räume erschuf, der die Hunderte von Milliarden Sonnen zu einer einzigen Milchstraße formte und aus Hunderten von Milliarden Galaxien das Weltall bildete, nicht auch zutrauen, daß er die winzigen Samenkörner des Geistes – fähig, ihn anzuschauen mit Augen, die ihm gleichen, begierig, sich zurückzusehnen nach ihm als ihrem Ursprung, – einsammeln möchte aus den Tiefen des Alls und sie zurückführen möchte zu unserer ewigen Heimat? Sollte man denken, daß Gott dem Menschen den Verstand nur gegeben hätte, um daran verrückt zu werden, weil die Natur keine einzige Frage beantwortet, die wirklich menschlich ist? Wir Menschen tragen wesensnotwendig die Sehnsucht nach Unendlichkeit in uns; wir verzehren uns aus Durst nach Unsterblichkeit; und wir müssen schon sehr weit in der Verzweiflung abgestumpft sein, um solche Gefühle gar nicht mehr zu kennen. Ja, wir müßten unsere Seele schon sehr stranguliert haben, um uns in den Kategorien des Endlichen zur Ruhe zu setzen und den seelischen Erstickungstod des Alltags beinahe wie eine Erleichterung von allen wesentlichen Fragen zu begrüßen. Nein, für jemanden, der in der Wüste verdurstet, ist der Durst ein Beweis, daß es Wasser geben muß, selbst wenn an dem Ort, da er lebt, weit und breit kein Wasser zu finden ist. Daß es Durst gibt, zeigt unwiderleglich, daß es Wasser gibt, denn ohne das Wasser gäbe es keinen Durst. Und so ganz analog: Daß wir Menschen an Gott denken können, zeigt, daß es ihn gibt, denn sonst würde in unseren Kopf ein solcher Gedanke gar nicht hineinkommen können; und schon weil wir uns nach der Unendlichkeit sehnen, zeigt dies, daß wir aus dem Unendlichen kommen und in das Unendliche gehen.

Dann aber gibt es gegen die Hoffnung des Religiösen eigentlich nur dieses im Grunde bizarre Argument der Sadduzäer: Der Glaube an die Auferstehung stört die äußere Ordnung bürokratischer Selbstzufriedenheit. Wie denn, man sollte leben mit einem Menschen an der Seite, der begabt ist mit der Kraft der Ewigkeit? Der Mensch neben uns wäre berufen, ein ewiges Leben in sich zu tragen? Dann zerbräche all das, worauf sich für gewöhnlich unsere „Ordnung" gründet, z. B. das so selbstgewisse Einteilungsverfahren: du gehörst zu mir, du gehörst zu jenem; du bist mein Besitz, ich bin dein Besitz, – dies alles womöglich gerechtfertigt noch unter dem Vorzeichen der Liebe, gefordert sogar unter dem Stichwort der Ehe. Als ob man mit Menschen so umgehen könnte, wie wenn sie Besitzstücke, Prunkstücke, Anstecknadeln, Trophäen, Skalps, je wie es beliebt, wären! In dieser Weise verbriefter Besitzrechte weiterleben – das freilich kann man nicht mehr, wenn es die Ewigkeit gibt. Man kann die Würde, die Größe, die unendliche Kraft der Freiheit eines jeden Menschen an unserer Seite nicht mehr verleugnen und nicht mehr schänden, wenn es die Ewigkeit gibt. Niemand ist dann mehr befugt, sich hinzustellen und zu sagen: meine Frau, mein Kind, mein Hund, mein Haus, mein Baum, mein Auto, mein alles. Nichts gehört im Schatten der Ewigkeit letztlich uns selber, sondern wir alle miteinander gehören einzig zu Gott.

Die allein wichtige Frage, wenn es so steht, lautet dann, wie wir das Glück des Himmels ein Stück weit schon hier auf Erden vorweg lernen können. Befähigt sind wir, in dem anderen, in unserem Bruder, in unserer Schwester, einen Menschen zu sehen, der zwar im Augenblick noch auf der Erde wohnt, doch dessen Stirn bereits den Himmel berührt; in seiner Sprache weht der Atemwind des Ewigen, in seinen Augen schimmert eine Seele, die berufen ist, zu Gott zurückzukehren. Nur scheinbar leben wir als Körperwesen wirklich. Die körperliche Existenz ist nur die erste Form, Geist zu ermöglichen; sie ist der Anfang der Ewigkeit, der Beginn der Unendlichkeit, eine Hülle, die eines Tages ihren Wert verliert, wie der Kokon für eine Raupe, die zum Schmetterling geworden ist. Und wenn auch in der Ewigkeit der Unterschied zwischen der Seele einer Frau und der Seele eines Mannes wohl nicht gänzlich aufhören wird, so könnten und sollten wir doch heute schon damit aufhören, unter dem Firmenschild der Liebe einander mit Besitzansprüchen zu drangsalieren und einander durch die Tyrannei der Angst zu vergewaltigen. Die einzige Frage, die sich uns wesentlich stellt, besteht darin, wie wir es vermögen, würdig dem Himmel entgegenzureifen.

Eine jede Liebe aber, die den anderen in der Schönheit seines Wesens entdeckt, die warm genug ist, seine Kräfte auf Gott hin zu entfalten und sein Herz weit genug zu machen, um Gott in sich aufzunehmen, eine solche Liebe kann nur denken, daß der andere unsterblich ist. Sie selbst ist das sprechendste Zeugnis von Gottes ewiger Güte. Sie selbst ist wie ein Weg zurück zu jenem Schöpfungsmorgen, als Gott sprach: Es werde Licht. – Und es ist wie ein ewiges Gebet, das wir einer für den anderen sprechen, bis wir im Himmel uns wiedersehen: „Im Glanz der Sonne werde dein Name, reife dein Wesen; kehre zurück aus dem Schweigen der Räume des Alls nach den wenigen Jahren des irdischen Daseins, zurück in die ewige Heimat dessen, der dich erschuf. Er, der von Ewigkeit her an dich dachte, wird in Ewigkeit niemals deiner vergessen."